京师外语学术文库

# "励耘"学术素养
## 基础学科拔尖创新人才
## 大学英语课程体系建构研究

王筱晶 夏晓燕 ✳ 著

外语教学与研究出版社
FOREIGN LANGUAGE TEACHING AND RESEARCH PRESS
北京 BEIJING

图书在版编目（CIP）数据

"励耘"学术素养 ：基础学科拔尖创新人才大学英语课程体系建构研究 ／ 王筱晶，夏晓燕著．-- 北京 ：外语教学与研究出版社，2025.5. -- （京师外语学术文库）．
ISBN 978-7-5213-6259-6

I. H319.3

中国国家版本馆 CIP 数据核字第 2025BA6944 号

"励耘"学术素养——基础学科拔尖创新人才大学英语课程体系建构研究
"LI YUN" XUESHU SUYANG——JICHU XUEKE BAJIAN CHUANGXIN RENCAI DAXUE YINGYU KECHENG TIXI JIANGOU YANJIU

| | |
|---|---|
| 出版人 | 王　芳 |
| 责任编辑 | 李婉婧 |
| 责任校对 | 孔乃卓 |
| 封面设计 | 彩奇风 |
| 出版发行 | 外语教学与研究出版社 |
| 社　　址 | 北京市西三环北路 19 号（100089） |
| 网　　址 | https://www.fltrp.com |
| 印　　刷 | 北京盛通印刷股份有限公司 |
| 开　　本 | 650×980　1/16 |
| 印　　张 | 13.25 |
| 字　　数 | 196 千字 |
| 版　　次 | 2025 年 5 月第 1 版 |
| 印　　次 | 2025 年 5 月第 1 次印刷 |
| 书　　号 | ISBN 978-7-5213-6259-6 |
| 定　　价 | 53.90 元 |

如有图书采购需求、图书内容或印刷装订等问题，侵权、盗版书籍等线索，请拨打以下电话或关注官方服务号：
客服电话：400 898 7008
官方服务号：微信搜索并关注公众号"外研社官方服务号"
外研社购书网址：https://fltrp.tmall.com

物料号：362590001

# 《京师外语学术文库》
# 总序

为推动学科建设与发展，北京师范大学外国语言文学学院决定推出《京师外语学术文库》系列学术研究成果，包括专著和经过修改的高质量博士学位论文。

北京师范大学外国语言文学学院的前身是1912年建立的北京高等师范学校英语部。在过去近一个世纪的风雨历程中，她不断发展壮大，形成了今天在教学和科研两方面齐抓并重的学科特色，与北京师范大学建设"综合性、有特色、研究型世界知名高水平大学"的发展目标保持一致。

北京师范大学的外国语言文学学科在全国同行中位居前列。学院设有英文系、日文系、俄文系、公共外语教学研究部等教学单位，设有外国语言学研究所、外语教育与教师教育研究所、外国文学研究所、外语测试与评价研究所、比较文学与翻译所、日语教学研究所、翻译教学与研究中心等学术研究机构，另有一个校级科研机构——北京师范大学功能语言学研究中心。目前设有英语语言文学和俄语语言文学两个二级学科博士点、四个硕士点以及外国语言文学博士后科研流动站。

北京师范大学外国语言文学学院继承优秀的人文传统，发扬严谨求实的学风，与时俱进，开拓创新，以教学推动科研，以科研促进教学，教学科研双轨并行；每年除了派出师生出国访学进修或参加国内外学术会议外，还定期独立或联合召开各类学术研讨会；近年来获得各级各类科研项目和奖励数十项，在国内外重要学术刊物和出版社发表了大量研究著述。

北京师范大学外国语言文学学院矢志为我国外国语言文学学科的发展作出更多贡献。这里推出的正是为实现这一愿望所做的尝试。这套丛书初步拟定出版高水平学术专著 20 部左右,每批推出 3-5 部,逐渐形成规模和特色,首先重点推出北京市重点学科"英语语言文学"方面的建设成果。书稿主要来自我院教师的研究成果;内容涉及外国语言学及应用语言学、外国文学、翻译与文化研究、外语教育与教师教育诸方面。书稿遴选首先鼓励院内教师个人申请,然后递交院学术委员会审核,通过认可的稿件,送出校外聘请同行专家进行匿名评审;评审意见返回后,由院学术委员会根据评审专家的意见确定入选范围。

在这里,我们要衷心感谢各位匿名评审专家以及外语教学与研究出版社的大力支持,也恳请海内外同行给予更多关心和扶持。

《京师外语学术文库》编委会
2010 年 1 月

# 前言

"为谁培养人、培养什么人、怎样培养人"始终是教育的根本问题。面对全球科技变革深入演进的时代浪潮,习近平总书记对我国教育工作做出了战略指引——"'两个一百年'奋斗目标的实现、中华民族伟大复兴中国梦的实现,归根到底靠人才、靠教育"。因此,"源源不断的人才资源是我国在激烈的国际竞争中的重要潜在力量和后发优势","要更加重视人才自主培养",更加重视高端人才或者拔尖人才的科学精神、创新能力、批判性思维能力的培养培育。所谓高端或者拔尖创新人才通常是指有坚守、有憧憬、有情怀、有志趣、有激情、有想象力和有严谨求实精神的人。只有这样的人才能够做出有深度、有境界、有温度的学问,也只有这样的人才能在学术界敢于直面自己的困惑,承担自己特殊的使命(陈平原,2020),成为内心自信自足、求真务实、不断创新的学者,成为能够"用科学的思想、科学的方法和科学的精神探讨和研究各种问题",同时对"生命的价值、人的生存意义和人类未来意义"给予理性关注的国家栋梁之才(胡开宝,2018)。

在过去二十余年中,国内高校在拔尖创新人才培养方面已经取得了显著成绩,越来越多的优秀人才在科学研究、技术创新和社会发展等领域中崭露头角,为国家的进步和发展做出了重要贡献。换言之,加强基础学科拔尖创新人才的培养,有利于提高国家创新体系整体效能、增强自主创新能力,为中国式现代化提供强有力的关键性支撑与动力源泉。基础学科人才培养是一个系统工程,具有周期长、投入高、见效慢等特点,需要持续探索、汇聚合力。着力构建高质量基础学科人才培养体系需要多方面科学设计、协同配合。钟秉林等(2023)强调:人才培养的主要教育载体是课程。课程是最重要的教学要素之一，是学校进行教育教学、人才培养的有力抓手。多样化课程体系有利于多方位、多角度服务拔尖创新人才的个性化培养与成长。

在新形势下，教育高质量发展已成为必然要求。因此，优化课程体系、提升课程质量，充分发挥课程教学在基础学科拔尖人才培养中的关键作用，显得尤为重要。作为拔尖人才教育体系的重要组成部分，大学英语课程的清晰定位及创新培养模式可以为学生成长成才厚植土壤，以助力其为我国科学研究、技术创新和社会发展做出重要贡献。众所周知，一切深邃的思想、精微的思考、细腻的表达都需要通过语言来完成。外语在培养拔尖学生国际视野的过程中发挥着不可或缺的作用。高端人才的培养不仅需要具备"为天地立心，为生民立命，为往圣继绝学，为万世开太平"的责任感和使命感，还必须拥有广阔的国际视野，能够与世界文明进行深度对话。正如文秋芳（2018：421）所言，"必须有国外理论参照，否则关起门研究中国特色，无法知道什么是中国特色"。歌德曾经说过："谁不懂得外国语，谁就不了解本国语"。外语是打开国际大门的钥匙。"当领悟了一门外语的'神韵'时，我们总会有这样的感觉：似乎进入了一个新的世界，一个有着它自己的理智结构的世界。这就像在异国进行一次有重大发现的远航，其中最大的收获就是学会了以一种新的眼光看待我们自己的母语"（卡西尔，2004）。因此，大学英语课程[1]在帮助学生了解世界各国文明文化、前沿科学技术、先进思想理念方面起着关键作用。

我国高等教育领域针对拔尖创新人才选拔培养工作的经验总结和理论生成还不够充分（钟秉林等，2023），围绕"基础学科拔尖创新人才"大学英语课程的系统研究更是相对滞后。鉴于此，基于过去两轮为期十余年的"论证、实践、修订、再实践、再论证"，本书旨在以北京师范大学基础学科拔尖创新人才的大学英语教学实践为例，从学生需求与综合学术素养提升目标入手，通过经验总结与反思探索，开发具有针对性的教学材料，设计具有可操作性的课堂活动，概括并凝练出拔尖创新人才

---

[1] 北京师范大学的大学英语课程被列入了通识课程体系中的"国际视野与文明对话"模块。

培养的基本路径，构建大学学术英语课程基本体系，探索如何发挥学科优势、全面推动拔尖人才迅速成长为能够应对未来国际挑战的青年才俊；同时，为普通类学生的大学英语教学及评价体系的完善提供重要参考和借鉴，带动更为广泛且全面的大学英语课程综合改革，真正实现全人教育。

本书布局主要参考 Brown（1995）在其《语言大纲的要素》一书中提出的语言教学研究项目的研究框架，以评估为驱动，以《中国英语能力等级量表》（以下简称《量表》）（中华人民共和国教育部、国家语言文字工作委员会，2018）为依托，根据北京师范大学基础学科拔尖创新人才的实际情况，从需求分析、教学目标设定、测评体系建构及实施、教学材料研发与使用、课堂教学实施与操作五个方面逐一展开。

结合上述框架，本书第一章简述了我国基础学科拔尖创新人才的历史沿革。作为国家教育战略的重要组成部分，我国拔尖创新人才教育旨在培养具备创新意识与能力、学科基础扎实、国际视野广阔的优秀人才，为国家的科技创新和社会发展提供坚实支撑。拔尖创新人才的发展在不断适应社会需求和科技进步过程中经历了从 1.0 到 2.0 时代的演进。本章还着重介绍了北京师范大学"基础学科拔尖学生培养试验班"（又被称为"拔尖人才班"或者"励耘实验班"）的历史由来与各个不同发展阶段。

第二章界定了北京师范大学基础学科拔尖创新人才培养的核心——学术素养。基于学术素养构念的三个范式——通用学习技能方法、基于体裁的方法和基于社会情境的方法，定位了拔尖创新人才学术英语课程设置。同时，通过对国内外知名英语考试的全面解析，进一步明确了课程体系建构的具体方向；并且以我校某届拔尖创新人才参加的《北京市大学生入学英语分级测试》试题分析结果为例，对基础学科拔尖学生在英语分级考试中的表现进行分析与阐释，为基于学术素养的学术英语课程体系建构提供依据。

第三章主要基于拔尖人才需求分析完成课程定位。本章从国家战略发展目标出发，根据《大学英语教学指南（2020 版）》（以下简称《指南》)(教育部高等学校大学外语教学指导委员会，2020)和《量表》，依据大学英语课程学分设置和拔尖人才培养核心方向（学术素养），分析当前拔尖人才的需求与未来发展趋势。课程教学团队提出了基础学科拔尖创新人才学术英语校本能力指标描述，准确定位人才培养目标，并据此将针对北京师范大学拔尖创新人才开设的大学英语课程体系划分为三大模块——"学术英语读写""学术英语听说"和"浸泡式英语强化课程"，以满足学生学术英语水平发展需求。

第四章重点关注拔尖创新人才学术英语课程评价体系，探讨如何从根本上改变以考代评的现象，发挥评价的促学和发展功能。本章结合第二语言习得理论和外语评价策略，构建并实施了针对拔尖人才学术素养发展的标准与方法，以确保评价的全面性、客观性和准确性。具体而言，本章系统剖析了课程体系中三个教学模块的动态评价方法，深入阐释了如何在实现教学评价多元化的同时，确保评价质量与效果，切实达成"以评促教"的目标，有效提升拔尖学生的学术素养。

第五章讨论了拔尖创新人才学术英语教学材料的选择与开发。本章深入研究基于"产出导向法"的教学材料选择、使用和评价标准的制定，明确教学材料与教学产出之间的服务与被服务关系。结合信息时代教学材料的多样延展性及其使用的有效性，详尽介绍了应如何选择有利于拔尖人才学术英语素养提升的教学材料（包括数字化资源）。通过具体实例阐释了"学术英语读写""学术英语听说"和"浸泡式英语强化课程"的教学材料选择和使用方法，以期为广大英语教师提供参考案例。

第六章系统探讨了拔尖创新人才学术英语教学中面临的主要困境及其解决策略，并提出了具体实践路径。通过分享教学实施案例，解析如何依据拔尖人才动态变化的学情和需求目标，以终为始，合理调整教学步骤，优化教学方法，为学生提供精准指导和多元支架，切实落实"随学而动、以学定教、顺学而导"的理念，在提升拔尖人才学术英语素养的同时，培养他们应对未来复杂多变的全球化挑战的综合能力。

第七章从教研结合的角度出发，详细描述了课程教学团队在拔尖创新人才学术英语教学中开展的相关科研课题以及相关研究成果对于教学的反拨指导作用。本章所述两项研究聚焦学术素养的核心能力——思辨能力（即批判性思维能力）。研究一揭示了拔尖创新人才的初始思辨能力倾向及课堂教学对其发展的影响，在反思教学的基础上，提出实践改进建议。研究二基于研究一的发现，以英语写作教学为载体，探索如何通过课程体系优化，提升拔尖创新人才的思辨能力，进而激发其学习动力与创新潜能。

第八章作为结语与展望，重点讨论了数字化赋能拔尖创新人才学术英语课程转型的实践路径与发展前景。在教育信息化 3.0 背景下，北京师范大学大学英语教学团队尝试通过构建"数字技术 + 网络平台"的立体化教学场域，积极探索课程改革新范式，以慕课资源建设为切入点，运用知识图谱帮助学生构建语言文化知识网络；以学习为中心，通过智能平台整合碎片化时间，重塑"个性化学习—自主探究—动态反馈"的学术英语研习生态，全面提升拔尖人才的信息素养和学术素养。

综上所述，人才已经成为推动社会进步和经济发展的关键驱动力之一，因此，培养拔尖创新人才是整个国家和社会发展的关键所在。本书系统梳理了北京师范大学大学英语教学历时性改革实践。基于基础学科拔尖创新人才培养战略需求，学校通过十余年持续深化大学英语课程体系改革，聚焦拔尖人才学术潜能开发，构建了"语言能力筑基—学术素养进阶—国际竞争力塑造"的三阶培养模式。这一改革实践不仅实现了从通用英语向学术英语的范式转型，更通过语言能力与学术能力的协同发展，助力学生成长为具有全球视野的专业人才，为学校基础学科整体实力提升注入持续动能。

本书期冀为读者搭建拔尖创新人才学术英语素养培养的认知图式，提供兼具理论纵深与实践维度的研究视角。我们要感谢所有为北京师范大学拔尖创新人才学术英语课程体系建构做出贡献的各位领导、各领域的专家、学者和同仁，尤其感谢学校教务部的夏敏老师、外文学院的郭乙瑶教授、林敦来教授、祝珣副教授和高淼副教授。他们的知识、经验和支持使得本书得以问世。我们希望本书能够为基础学科拔尖创新人才培养研究提供一定学术参照，为更多学生的学习和成长提供有益指导。

# 目录

第一章　历史沿革　　　　　　　　　　　　　　　　　　　　　1
 1.1　拔尖创新人才培养的背景　　　　　　　　　　　　　1
 1.2　拔尖创新人才培养的历史沿革　　　　　　　　　　　4
 1.3　北京师范大学拔尖创新人才培养　　　　　　　　　　7
 1.4　小结　　　　　　　　　　　　　　　　　　　　　11

第二章　核心任务　　　　　　　　　　　　　　　　　　　　　13
 2.1　学术素养概念界定　　　　　　　　　　　　　　　14
 2.2　学术素养范式　　　　　　　　　　　　　　　　　17
 2.3　学术素养在考核评价中的体现　　　　　　　　　　21
 2.4　拔尖创新人才学术语言能力的初期测评　　　　　　24
 2.5　小结　　　　　　　　　　　　　　　　　　　　　30

第三章　课程体系建构　　　　　　　　　　　　　　　　　　　31
 3.1　需求分析与目标定位　　　　　　　　　　　　　　31
 3.2　聚焦"学术英语读写"课程教学目标　　　　　　　　37
  3.2.1　课程教学目标　　　　　　　　　　　　　　38
  3.2.2　具体操作示例　　　　　　　　　　　　　　39
 3.3　聚焦"学术英语听说"课程教学目标　　　　　　　　40
  3.3.1　课程教学目标　　　　　　　　　　　　　　43
  3.3.2　具体操作示例　　　　　　　　　　　　　　44
 3.4　聚焦"浸泡式英语强化课程"课程教学目标　　　　　47

　　　　3.4.1　课程教学目标　　　　　　　　　　　51
　　　　3.4.2　具体操作示例　　　　　　　　　　　53
　　3.5　小结　　　　　　　　　　　　　　　　　54

**第四章　课程评价**　　　　　　　　　　　　　　55
　　4.1　"学术英语读写"课程评价　　　　　　　　56
　　　　4.1.1　理论基础　　　　　　　　　　　　　56
　　　　4.1.2　课程评价　　　　　　　　　　　　　58
　　　　4.1.3　课程评价实践　　　　　　　　　　　59
　　　　4.1.4　启示　　　　　　　　　　　　　　　68
　　4.2　"学术英语听说"课程评价　　　　　　　　69
　　　　4.2.1　理论基础　　　　　　　　　　　　　70
　　　　4.2.2　课程评价　　　　　　　　　　　　　71
　　　　4.2.3　课程评价实践　　　　　　　　　　　73
　　4.3　"浸泡式英语强化课程"课程评价　　　　　76
　　　　4.3.1　理论基础　　　　　　　　　　　　　76
　　　　4.3.2　课程评价实践　　　　　　　　　　　77
　　4.4　小结　　　　　　　　　　　　　　　　　77

**第五章　教学材料**　　　　　　　　　　　　　　79
　　5.1　"学术英语读写"课程教学材料　　　　　　80
　　　　5.1.1　选取依据　　　　　　　　　　　　　80
　　　　5.1.2　材料示例　　　　　　　　　　　　　83
　　5.2　"学术英语听说"课程教学材料　　　　　　85
　　　　5.2.1　选取依据　　　　　　　　　　　　　85
　　　　5.2.2　材料示例　　　　　　　　　　　　　86
　　5.3　"浸泡式英语强化课程"课程教学材料　　　89
　　　　5.3.1　选取依据　　　　　　　　　　　　　90
　　　　5.3.2　材料示例　　　　　　　　　　　　　91
　　5.4　小结　　　　　　　　　　　　　　　　　93

## 第六章　教学实施 … 94

- 6.1 "学术英语读写"课程教学实施 … 94
  - 6.1.1 教学困境 … 95
  - 6.1.2 理论基础及应用 … 96
  - 6.1.3 教学实施及课堂内容示例 … 98
- 6.2 "学术英语听说"课程教学实施 … 101
  - 6.2.1 教学困境 … 101
  - 6.2.2 理论基础及应用 … 102
  - 6.2.3 教学实施及课堂内容示例 … 105
- 6.3 "浸泡式英语强化课程"课程教学实施 … 107
  - 6.3.1 教学困境 … 108
  - 6.3.2 理论基础及应用 … 108
  - 6.3.3 教学实施及课堂内容示例 … 111
- 6.4 小结 … 114

## 第七章　教学实验 … 115

- 7.1 拔尖人才思辨能力研究 … 115
  - 7.1.1 思辨能力及相关研究 … 116
  - 7.1.2 研究问题与研究对象 … 117
  - 7.1.3 研究工具与数据收集 … 118
  - 7.1.4 研究结果与讨论 … 119
- 7.2 拔尖人才课程建构 … 125
  - 7.2.1 课程建构的理论基础 … 125
  - 7.2.2 建构实践探索 … 126
  - 7.2.3 研究设计 … 127
  - 7.2.4 研究结果与讨论 … 127
- 7.3 小结 … 133

## 第八章　未来展望——数字化建设推进人才培养 … 134

- 8.1 拔尖创新人才培养的数字化转型 … 135

|  |  | 8.1.1 | 慕课制作缘起 | 136 |
| :-- | :-- | :-- | :-- | --: |
|  |  | 8.1.2 | 基于慕课的课程改革探索 | 138 |
|  |  | 8.1.3 | 课程数字化改革实践计划 | 140 |
|  | 8.2 | 结语与展望 |  | 142 |

**参考文献**     **143**

**附　录**     **164**

|  | 附录一 | Argumentative Essay Peer-review Checklist | 164 |
| :-- | :-- | :-- | --: |
|  | 附录二 | "浸泡式英语强化课程"教学内容及评价标准样本 | 166 |
|  | 附录三 | "浸泡式英语强化课程"终期考核及评价标准样本 | 167 |
|  | 附录四 | "学术英语读写"教学输入样本 | 171 |
|  | 附录五 | "学术英语读写"和"学术英语听说"课程评教结果样本 | 178 |
|  | 附录六 | 听力文本1：Social Media: A Blessing or a Curse? | 182 |
|  | 附录七 | 听力文本2：Is Social Media Hurting Your Mental Health? | 185 |
|  | 附录八 | *Alice's Adventures in Wonderland* and Lewis Carroll: Originals and Versions | 192 |
|  | 附录九 | "学术英语读写"课程调查问卷 | 194 |

# 第一章 历史沿革

在中国教育历史长河中,有关拔尖创新人才培养的研究与实践由来已久。党的十九大以来,党中央、国务院陆续实施科教兴国战略、人才强国战略、创新驱动发展战略,将科技和教育摆在经济社会发展的重要位置,推动了高等学校拔尖创新人才选拔和培养实践,逐步推行并完善了"点面结合"的培养方式:"面"是广大大学生,"点"是拔尖创新人才。2022年,习近平总书记进一步指出,要全方位谋划基础学科人才培养,科学确定人才培养规模,优化结构布局,在选拔、培养、评价、使用、保障等方面进行体系化、链条式设计,大力培养造就一大批国家创新发展急需的基础研究人才。随着"基础学科拔尖学生培养试验计划"(简称"珠峰计划")和"中学生科技创新后备人才培养计划"(简称"英才计划")等人才培养方案的实施,越来越多的高校认识到拔尖创新人才的重要性,并意识到这类人才需在具备扎实专业基础知识的同时,兼具宽广的国际视野、创新的思维方式、良好的合作素养和实践开拓能力——知识、能力、素质相互协调,共同发展。因此,建立高质量创新人才培养的长效机制,已成为我国建设教育强国的关键路径之一。

回首过去、展望未来,我们究竟应该如何培养拔尖创新人才?又应如何延续并实现"拔尖计划"长效发展?若想厘清这些问题,首先要了解我国拔尖创新人才培养的历史背景及其沿袭与变革。

## 1.1 拔尖创新人才培养的背景

到底什么是拔尖创新人才?拔尖创新人才需要具备哪些能力和素养?关于这些问题,学界已展开多年讨论,专家学者各抒己见。有些学者将拔尖创新人才界定为在智力、创造力、艺术、体育或其他特殊领域具有卓越成就和能力的个体——他们在知识文化上具有较高水平，在思维创造上具有独到见解，在领导能力上具有卓越水平，同时在某一特定学术领域或自身专业方面具有过硬本领（倪庚等，2023）。有些学者则强调：拔尖创新人才不仅要有知识，更要有文化；不仅要有智慧，更要有责任，有良好的道德修养，有高尚境界，有综合能力（包括跨文化交流能力、知识获取能力、发现及解决问题的能力、独立思考能力、质疑批判能力、知识综合运用能力等），有宽阔视野，能够与国际化发展相接轨，能够参与到全球化的合作与竞争当中。仲伟合强调（2013：98），"社会对拔尖创新人才的需求应该是多样化、多层次的，既可是学术型人才，也可以是复合型、应用型人才，既需要培养理工科类的拔尖创新人才，也需要培养人文社会科学的拔尖创新人才"。根据当今社会形势发展的需要，我们应该培养多元化人才来满足不同层次的国家发展需求（高姝，2018）。综合上述研究结果，钟秉林等（2023）提出了拔尖创新人才应具备的四个维度的能力，即智力水平、创新性、综合素质和家国情怀。具体而言，突出的智力水平体现在优异的学业表现方面；创新性潜质是发挥人才优势效能和提高创新能力的关键；综合素质表现为在德智体美劳方面的发展和强烈的求知欲、好奇心、成就动机、心理韧性等；强烈的家国情怀体现为坚定的学科志向和为人类社会发展做出重要贡献的理想抱负。

复杂的国际博弈需要具备上述优秀品质的拔尖创新人才。我国的拔尖创新人才培养早在20世纪中后期就已经拉开帷幕。20世纪90年代，在科教兴国战略背景下，我国开始加强基础学科领域拔尖创新人才培养。1991年，教育部选择了一批代表我国先进水平的、在国内具有重要影响和起骨干带头作用的数学和自然科学一级学科专业点，先后分五批建立了106个"国家理科基础科学研究和教学人才培养基地"，开始进行基础学科领域的高层次人才培养（王新凤、钟秉林，2023）。2003年12月，党中央、国务院召开新中国成立以来的第一次全国人才工作会议。会上明确提出要"大力开发人才资源,走人才强国之路","以培养造就高层次人才带动整个人才队伍建设,促进各级各类人才协调发展","要把人才作为推进事业发展的关键因素,努力造就数以亿计的高素质劳动者、数以千万计的专门人才和一大批拔尖创新人才"(中国政府网,2003)。这是新时代对我国战略发展提出的必然要求和挑战,也为新形势下我国的人才工作指出了前进方向和道路。

为了贯彻落实《国家中长期教育改革和发展规划纲要(2010—2020)》,回应高校亟须解决的"钱学森之问",教育部联合中组部、财政部于2009年启动了"一拔尖、四卓越"的"基础学科拔尖学生培养试验计划",即培养拔尖创新人才、卓越工程师、卓越医生、卓越农林人才、卓越法律人才,同时推进相关学校进行教学改革,调整课程设置,目的是培养拔尖创新人才,使之成为相关基础学科领域的领军人物,并逐步跻身国际一流科学家队伍。2011年,北京大学、清华大学、北京师范大学等国内17所顶尖高校在数学、物理、化学、计算机科学与技术、生物五个基础学科领域率先进行试点,力求在创新人才培养方面有所突破(王新凤、钟秉林,2023)。

2013年,党的十八届三中全会对全面深化人才体制机制改革作出重大部署,要求加快形成具有国际竞争力的人才制度优势。在此基础上,党的十九大报告提出,要"坚定实施科教兴国战略、人才强国战略、创新驱动发展战略"。其中,创新是关键,它是引领发展的第一动力,是建设现代化经济体系的战略支撑。创新驱动发展战略和创新型国家建设目标要求教育冲破落后观念和陈旧体系的阻碍,全面推动基础学科领域拔尖创新人才选拔与培养模式的升级(高姝,2018)。2018年,教育部、科技部、财政部、中国科学院、中国社会科学院、中国科学技术协会联合发布《教育部等六部门关于实施基础学科拔尖学生培养计划2.0的意见》,对拔尖人才培养进行了新一轮部署。各高校人才培养的组织模式进入多计划并行时代,包括国家层面的"卓越人才培养计划"以及各高校层面的如清华大学的"清华学堂人才培养计划"(清华大学本科拔尖创新人才培养计划)、复旦大学的"望道计划",并且逐渐演化成不以专业学科为界限、管理相对独立的基础学科拔尖人才培养"特区"。有的学校进行了组织架构改革,成立实体的荣誉学院统一管理,例如南京大学的"匡亚明学院"、上海交通大学的"致远学院"以及清华大学的"行健书院";或者将学院与书院合二为一,例如西安交通大学。这类学院或者双院合并具有"生源选拔性、目标精英性、培养特殊性、建制实体性"的特点(姚小萍,2017;钟秉林等,2023),有利于真正实现因材施教,通过本硕博衔接、个性化培养和导师制等方式,强化培养方案和课程体系的灵活性和模块化,倾心培养"兼具主体意识、创新精神和实践能力的复合型人才,为国家重大发展战略的实施以及关键领域的研究提供坚实的人才梯队"(邓磊、钟颖,2020;王新凤,2023b)。这一探索为基础学科拔尖人才培养注入了新动能,犹如点燃了一把可以燎原的星星之火。

## 1.2 拔尖创新人才培养的历史沿革

2009年,教育部启动"基础学科拔尖学生培养试验计划"(即"珠峰计划"),相继出台一系列卓越教育培养计划,开启了拔尖计划1.0时代(雷金火、黄敏,2022)。"拔尖计划1.0"时期主要强调学科专业知识的积累和学术成果的产出——学生和研究人员通过深入学习和研究学科基础知识,掌握学科的核心理论和方法,重点在于培养学生的学科基础知识、专业素养以及科研能力。在此阶段,拔尖创新人才主要通过在学术界的出色表现和学术成果的积累来展现自己的能力。2019年,教育部全面实施"六卓越一拔尖"计划,标志着拔尖计划进入了"基础学科拔尖学生培养计划2.0"时代(简称"拔尖计划2.0"或者"2.0时代")(雷金火、黄敏,2022)。"拔尖计划2.0"旨在为国家培养一批学术思想活跃、国际视野开阔、发展潜力巨大的基础科学领域未来学术领军人才。换言之,拓宽学生的学科视野和能力边界,鼓励跨学科合作和创新思维是这一阶段的重要目标。在新时代背景下,学生和研究人员需要跨学科学习和实践探索,掌握多领域的知识和技能,进而解决复杂多变的问题和应对各种不确定性。在"拔尖计划 2.0"阶段，创新思维和创新能力的培养得到更多重视。这一转变打破了学生被动接受知识的模式，转而激发其探究创新的强烈欲望。在此阶段，拔尖创新人才的评价标准从单一的学术成果拓展至创新能力、创业潜力以及解决社会问题的实践能力。从 1.0 到 2.0 时代，拔尖创新人才培养向着多元化、开放性和创新性发展，尤其注重学科交叉和创新能力的培养。这反映了社会对人才的需求日益多样化：具有交叉思维和创新能力的人才可以更好地适应科技进步和社会发展的需求，应对未来的复杂挑战。

为进一步构建适用于基础学科人才培养的卓越体系，将以学生成长为中心的教育理念落到实处，2020 年 1 月 13 日，教育部出台《关于在部分高校开展基础学科招生改革试点工作的意见》，决定自 2020 年起，在部分高校开展"基础学科招生改革试点"，即实施"强基计划"，不再组织开展高校自主招生工作。起步阶段遴选 36 所"双一流"建设高校开展试点，三年来共吸引万余名优秀学生投身基础学科。该计划基于统一高考的多维度考核评价，主要是为了选拔培养有志于服务国家重大战略需求且综合素质优秀、德才兼备、志向远大、兴趣浓厚、基础扎实、能力突出、勇于创新的基础学科拔尖学生，聚焦高端芯片与软件、智能科技、新材料、先进制造和国家安全等关键领域以及国家人才紧缺的人文社会科学领域，由有关高校结合自身办学特色，合理安排招生专业，对学生采取小班教学、本硕博连读等培养模式，将基础学科拔尖学生的选拔与培养统筹考虑。要突出基础学科的支撑引领作用，重点在数学、物理、化学、信息学、生物学及历史、哲学、古文字学等相关专业招生。同时，建立学科专业的动态调整机制，根据新形势要求和招生情况，适时调整"强基计划"招生专业，并提供系统化的学术训练，以期培养出有益于国家长远发展利益的、具有主体意识、创新精神、学术自信和实践能力的复合型人才（邓磊、钟颖，2020）。"强基计划"按照综合评价招生模式录取学生，即考生参加统一高考和高校考核后，高校将考生高考成绩、高校综合考核结果及综合素质评价情况等按比例合成考生综合成绩，根据考生填报志愿，按综合成绩由高到低的顺序录取，其中高考成绩所占比例不低于 85%。与某些试点省份实施的综合评价招生相比，"强基计划"

提高了统一高考成绩的比例，强调了高考的重要性。总而言之，该计划既是对教育生态系统变革的深刻引领，也是自上而下的政策执行和自下而上的博弈与反馈（王新凤，2023a）。

至此，我国高校在基础学科拔尖创新人才选拔与培养方面形成了"珠峰计划"（"拔尖计划1.0"）"拔尖计划2.0""强基计划"等不同阶段。多年来，试点高校在贯彻落实各项目的相关政策及自主探索中，形成了各具特色的基础学科拔尖创新人才培养模式。就本质而言，这些"计划"在选拔模式、培养模式、覆盖专业等方面存在一定差别，具体见下表1.1（王新凤、钟秉林，2023：40）。

表1.1 "珠峰计划""拔尖计划2.0""强基计划"选拔培养模式差异对比

|  | 选拔模式 | 培养模式 | 实施专业 |
| --- | --- | --- | --- |
| "珠峰计划" | 保送或者自主招生、高考、校内分流 | 本科阶段培养 | 数学、物理、化学、计算机科学与技术、生物学科 |
| "拔尖计划2.0" |  |  | 大气科学、地理科学、地球物理学、地质学、海洋科学、化学、基础医学、计算机科学、经济学、力学、历史学、生物科学、数学、天文学、物理学、心理学、哲学、中国语言文学、药学、中药学等20个学科领域 |
| "强基计划" | 高考成绩、校测成绩，参考综合素质评价结果 | 本硕博贯通培养 | 高端芯片与软件、智能科技、新材料、先进制造和国家安全等关键领域以及国家人才紧缺的人文社会科学领域 |

由上表可知，"强基计划"与其他两个项目存在较大差异。除了选拔模式和实施专业明显不同外，"强基计划"强调本硕博的贯通培养，采取在高等教育阶段的加速制培养模式：本科阶段以夯实基础学科能力素养为核心目标，硕博阶段则赋予学生更大的自由度——既可选择在本学科深耕细作，也可探索跨学科交叉培养（王新凤、钟秉林，2023）。

总之,"珠峰计划""拔尖计划2.0"和"强基计划"等一系列计划,是在党和政府高度重视基础学科拔尖创新人才培养的背景下,由国内顶尖高校在基础学科领域通过超常规举措选拔和培养拔尖创新人才的重要实践。这些计划不仅是支撑国家原始创新和科技实力整体攀升的重要措施,更是统筹推进拔尖创新人才培养体系建设的重要尝试(王新凤,2023b)。

## 1.3 北京师范大学拔尖创新人才培养

北京师范大学基础学科人才培养历史悠久,早在20世纪90年代就有七个专业入选"国家理科基础科学研究和教学人才培养基地"和"国家文科基础学科人才培养和科学研究基地"。2006年,北京师范大学开启了"基础学科拔尖创新人才培养工程",旨在推动高水平大学的基础学科建设,培养具有校本特色的拔尖创新人才,助力国家科学研究和创新能力的提升。2010年,北京师范大学将"培养面向未来的卓越教师和拔尖创新人才"设定为拔尖人才培养的总目标,数学、物理、化学、生物四个理科专业以及中国语言文学、历史、哲学三个文科专业入选"基础学科拔尖学生培养计划1.0"。

作为首批入选"基础学科拔尖人才培养试验计划"的学校之一,依托本校国家一级重点学科数学、文学和国家二级重点学科理论物理、细胞生物学等,2011年4月,北京师范大学成立了由校长任组长、主管本科教学副校长为副组长和教务处、研究生院、科技处、社科处、人事处、财经处、资产处、学生处、国际处等职能部门相关负责人为成员的领导小组,并专门成立了"励耘学院"(创建了"励耘基础理科拔尖学生培养实验班",后又创建了"文科实验班"),下设由相关学科知名教授、教学名师、国家杰出青年科学基金获得者、主管本科教学院长(系主任)及国内外知名专家学者组成的专家委员会。"励耘学院"的院长由校长提名并任命,每届委托一个学院负责"励耘学院"的管理工作,即"励耘学院"的组织运行、培养计划以及管理办法为学校层面的事务。"励耘学院"虽非学校建制性单位，但其融传授知识、培养能力、提高素质于一体，通过二次选拔及淘汰机制实施滚动式培养。在"励耘学院"深厚的历史积淀（"励耘"二字出自北京师范大学老校长陈垣先生的"励耘书屋"）和浓厚的学习氛围中，学生积累的是学识，培养的是志气，濡染的是精神，树立的是责任。学院设定的拔尖人才培养总体目标为："改革培养模式，实施导师指导下'宽口径、厚基础、高素质、强能力、个性化、本研衔接'的开放式拔尖人才培养模式，不断深化教育教学改革，改革完善课程体系、课程设置，改革教学内容、教学方法和手段以及考核评价方式，实施学分制和导师制，因材施教，强调个性化培养，扩大学生的自主选择权，拓展学生的国际化程度，加强学生非智力因素的培养。"（向本琼等，2013）直至2020年，共有数学、地理科学、心理学、中国语言文学、历史学、物理学、化学、生物科学、哲学、经济学十个专业入选国家"基础学科拔尖学生培养计划2.0"，招生人数也扩展至270余人。

近年来，针对拔尖人才的培养模式，学校一直不断探索，积极引进国内外顶尖学者，组建高水平教学团队，增加拔尖创新人才的培养规模和力度。学校还与国内外著名高校和科研机构建立了广泛的合作关系，为学生提供更多的科研交流和合作机会。同时，学校长期与兄弟院校交流经验、总结教训，其中包括拔尖创新人才培养模式中存在的弊端。例如：选拔机制欠科学，导致学生参与遴选的积极性不足；课程体系较陈旧，难以针对拔尖人才提供"异质性"课程；缺少优质的教师资源、教学平台及个性化培养方案；抑或是培养模式及保障机制不健全，部分课程流于形式，未能激活学生自主学习动机。针对这些问题，本书将以北京师范大学"基础学科拔尖学生培养试验班"（被称为"拔尖人才班"或"励耘实验班"）的学生为研究对象，以大学英语课程体系的建构为切入点，探讨拔尖创新人才培养的具体方案和策略，包括教育资源的合理配置、有针对性的课程设计、个性化的教学材料和学习资源建设等。

之所以围绕大学英语课程体系建构展开研究，是因为随着我国从人力资源大国向人力资源强国稳步迈进，高端人才的创新性思维培养愈加受到重视，而一切深邃的思想、精微的思考、细腻的表达都需要通过语言来完成。外语在培养学生国际视野方面所起的作用毋庸置疑，拔尖创新人才不仅要有"为天地立心，为生民立命，为往圣继绝学，为万世开太平"的强烈责任感，也要有突出的专业技术能力，这种能力要求他们必须具有国际视野，"必须有国外理论参照，否则关起门研究中国特色，无法知道什么是中国特色"（文秋芳，2018：421-422）。正如歌德曾经说过："谁不懂得外国语，谁就不了解本国语。"这也与张之洞在《张文襄公全集（四）》中提出的"中体西用"的思想主张不谋而合：

"……知中不知外，谓之聋瞽。夫不通西语，不识西文，不译西书，人胜我而不信，人谋我而不闻，人规我而不纳，人吞我而不知，人残我而不见，非聋瞽而何哉？"

同样，梁启超先生在《饮冰室合集·文集第一册》中亦曾提到：

"今中国之为洋学者，其能识华字，联缀书成俗语者，十而四五焉；其能通华文法者，百而四五焉；其能言中国舆地、史志、教宗、性理者，殆几绝也。此其故何也？彼设学之始，其意以为吾之教此辈也，不过责之以译文传语，为交涉之间所有事。若夫经世之义，修齐治平之道，别有所谓揣摩讲章，唾掇甲第之人以讲求之，而不必以望于此辈。"

纵观国内外学者之言，不难看出，外语不仅是打开国际大门的钥匙、获取国外先进学科内容知识的重要工具，更重要的是，它将中国带入了国际大众的视野。当领悟了一门外语的"神韵"，我们总会有这样的感觉：似乎进入了一个新的世界，一个有着它自己的理智结构的世界。这就像在异国进行一次有重大发现的远航，其中最大的收获之一就是学会以一种新的眼光看待我们自己的母语（卡西尔，2004）。

此外，拔尖创新人才的培养目标决定了大学英语课程在其中的重要地位。目标中包括"开拓国际视野、增强学术自信、培养创新精神"，使拔尖人才成长为具有国际竞争力、影响力和带动力的青年才俊。不可否认，拔尖创新人才并非都是天才，要想脱颖而出，需要大量积累与持续吸收。大学英语课堂将为他们提供丰富的语言文化知识和看待世界的多元角度，助其拓宽视野、丰富思维，更为专业且自信地站在国际舞台上。

多年来，外语界围绕拔尖人才培养相继展开了一系列探讨，相关研究多集中于经验分享和观点阐释。例如，"通识教育与专业教育相结合"的校本培养方案、"自主学习＋课堂教学＋服务实践"的人才培养模式、"第一课堂和第二课堂紧密结合"的教学方法（曲鑫等，2013）。这些成果为我校构建拔尖创新人才大学英语课程体系提供了重要借鉴，奠定了坚实基础。然而，面对日益复杂的国际形势和社会发展需求，我们仍需进行大量实践探索，构建符合可持续发展理念的拔尖创新人才大学英语课程模式。

鉴于此，北京师范大学公共外语教学研究部（简称"公外部"）长期致力于拔尖创新人才大学英语课程的开发、实施与改革工作。基于Brown（1995: 20）的语言课程设计系统法[1]，我校大学英语课程设计主要从以下维度展开。第一，对标《量表》和国家对于拔尖创新人才培养的总目标，明确将"学术英语素养"作为北京师范大学拔尖人才发展的核心方向，坚持以培养具有中国立场和国际视野的外语人才为目标。第二，基于培养目标和方向，制定科学评价体系。对拔尖人才的学术英语素养评估采用过程性评价和终结性评价相结合的方式，通过理论研究与实践分析，开发适切的评价方法，编制标准化测评工具，运用多元化评价手段，激发拔尖学生自主探索问题解决方案，运用英语完成意义建构，促进思维能力持续发展。第三，建立以评促教机制，依据《指南》和评估结果，动态优化"拔尖人才班"大学英语课程的教学大纲、教学内容、教学方法与策略，着力推进教学过程的个性化，充分体现课程的"高阶性、创新性、挑战性"。

2020年起，北京师范大学公外部将入选"强基计划"的本科生与原本的"拔尖人才班"的学生所需修读的大学英语课程进行了整合与重组。

---

[1] Brown的模型中所包含的板块与《指南》的相关内容具有很高的契合度，且其研究主要基于我国某大学具有开创意义的语言培训项目，这一研究对象选择充分体现了中国国情。

历经三年的试点改革后,新的培养方案逐渐浮出水面。2023年秋,北京师范大学拔尖创新人才大学英语课程完成学分优化,由原10学分调整至8学分。在"增质减量"的原则指导下,课程持续肩负着帮助基础学科拔尖人才了解世界各国文明文化、把握前沿科学技术、理解先进思想理念的重要使命;在全球化进程不断加快和中华民族伟大复兴的双重背景下,课程遵循"教、学、管、评、测"一体化的教学管理理念,着力培养和发展拔尖人才的社会属性。通过整合现代技术手段,营造沉浸式语言学习环境,提升他们的学习兴趣和互动教育体验,实现精英化培养,为国家培养具有广阔的国际视野、能够与世界文明进行深度对话的新世纪拔尖人才[1],使其切实肩负起国家和社会责任,成为"国之重器"(《指南》,2020:44)。

## 1.4 小结

党的二十大报告指出:"我们要坚持教育优先发展、科技自立自强、人才引领驱动,加快建设教育强国、科技强国、人才强国,坚持为党育人、为国育才,全面提高人才自主培养质量,着力造就拔尖创新人才,聚天下英才而用之。"这一指导思想对大学人才培养提出了更高的要求,为实现人才强国战略,高校必须加强对拔尖创新人才培养的重视,为国家建设和社会发展提供源源不断的强大动力。作为孕育人才的重要阵地,北京师范大学始终将拔尖创新人才培养与国家战略需求、科技发展趋势紧密结合,准确把握人才培养的时代价值,在探索中寻求突破,在困境中披荆斩棘,学校持续深化高层次人才培养研究,着力打造一流教育高地,全面提升人才培养质量。在"谋大局、应变局、开新局"的新时代背景下,国家和社会发展所需的复合型人才不仅应具备扎实的学术能力,更应该有坚守、有憧憬、有情怀、有志趣、有激情、有严谨求实的精神。唯有如此,青年人方能产出有深度、有境界、有温度的学术成果,也唯有如此,

---

1 北京师范大学的大学英语课程被列入了通识课程体系中的"国际视野与文明对话"模块。

他们才能在"日趋精细且操作性越来越强"的学术界敢于"直面自己的困惑",敢于"承担自己特殊的使命"(陈平原,2020)。

　　大学英语课程作为北京师范大学拔尖创新人才培养体系的核心要素和重要支持,在国家课程校本化的实施过程中不断改革与创新,通过多元化的课程内容和丰富的教学资源,在助力拔尖学生深入了解国际先进科技和学术成果的同时,着力提升其跨文化交际能力和跨学科思维能力,使其成长为内心丰盈、求真务实、勇于创新的学术人才,成长为具备科学思想、科学方法和科学精神的新时代学者(胡开宝,2018)。

# 第二章　核心任务

我国拔尖创新人才培养的重要价值日趋凸显，它不仅推动创造性学术成果的生成，而且有效缓解了基础学科高端人才紧缺的问题（李明媚等，2022）。为此，国内高校在拔尖创新人才核心素养培育方面开展了多元化的实践与探索。

核心素养作为我国基础教育的"灵魂"，是一个复杂的概念。世界经合组织、联合国教科文组织及欧盟三大国际组织分别从价值定位、终身学习、公民基本素质等维度界定了核心素养这一概念。世界经合组织认为核心素养具有可迁移性，强调其是"个人自我实现、终身发展、融入主流社会和充分就业所必需的知识、技能及态度的集合"；联合国教科文组织以终身学习为指导思想，提出了"学会求知、学会做事、学会共处、学会发展、学会改变"五大支柱；欧盟则认为，素养是特定情境下知识、技能和态度的组合，而核心素养则应被界定为个体在知识社会中自我实现、社会融入，以及就业所需要的素养，这一概念涵盖知识、技能与态度（林崇德，2016：13-16）。目前，世界权威国际学生评价项目 PISA（Programme for International Student Assessment）将核心素养界定为"有关学生在主要学科领域应用知识和技能的能力，分析、推理和有效交流的能力，以及在不同情景中解决问题和解释问题的能力"（林崇德，2016：13-27）。

从上述定义中可以看出，核心素养的指导价值已超越义务教育阶段，其适用范畴延伸至高等教育乃至终身学习领域。在高等教育阶段，核心素养不仅需要被充分内化与实践，更应在深度与广度上实现纵深发展，以适应高层次人才培养的需要。根据《指南》，大学英语课程的总目标为"培养学生的语言应用能力，增强跨文化交际意识和交际能力，同时发展自主学习能力，提高综合文化素养，培养人文精神和思辨能力"。这一目标充分体现了高等教育阶段英语学科核心素养中"语言能力、文化品格、思维品质和学习能力"四个维度之间的紧密关联。对于拔尖创新人才而言,英语核心素养的培养应当纵深推进,着力实现专业化与学术化的双重提升,强调个人价值与社会价值同向同行,体现个体与自我、社会、文化及自然的和谐统一。基于这一认识,国内学者将高校拔尖创新人才所需的核心素养具体化为学术素养,因其更能彰显学习者的创新精神和研究能力,是取得重大科研成果的重要保证(如:高霄,2022)。基于此,笔者所在教学团队将学术素养培养确定为拔尖创新人才培养的核心任务,使其成为指导大学英语课程目标制定、课程内容开发与实践、测评体系建构的纲领性理念。那么,究竟何为学术素养?

## 2.1 学术素养概念界定

学术素养(academic literacy)这一概念源于20世纪90年代英国高等教育领域以实践为导向的研究(Council of Europe, 2001)。它关注知识在任何特定学术语境中的系统性,要求学生具有独立的学术意识、严谨的学术精神、优秀的道德品质以及良好的沟通能力。

学术素养中的"素养"不是一种单一的技能,它特别指向在特定情境中围绕学术活动展开的社会和文化行为(Lea, 2017)。"素养"一词的传统含义为读写能力,显示出素养与语言能力之间存在交叉重叠。因此,早期的学术素养倾向于意指学术读写能力。随着研究的不断深入,学术素养的概念内涵不断发展演进。Lea(2017)认为:学术素养是学术研究者从事科研活动所必备的综合素质和专业修养,是推动学术研究的内在动力,是研究者科研能力和学术品德的综合体现,保障他们能够顺畅地与国际同行进行交流,并运用条理清晰、逻辑严密且符合学术规范的语言准确表达研究成果与学术观点。具体而言,学术素养主要包括:(1)特定专业系统扎实的基础理论知识、审视问题和解决问题所需要的跨专业知识、前沿学术动态(知识);(2)发现问题及解决问题的能力、批判性思维能力、学术交流与成果呈现所必需的语言表达能力(能力);(3)敢于创新的学术意识、坚韧不拔的钻研精神、诚信严谨的学术道德等(态度）(Read, 2015; Davis, 2008; Lea & Street, 1998)。可见，学术素养是一个多维度的复杂概念体系，它不仅要求学习者具备扎实的专业知识、娴熟的表述能力，更需要培养其对所处世界环境进行系统性审视与批判性反思的能力。因此，学术素养的培养不仅在于学术读写能力的提升，而应拓展至包括听说技能在内的多元智能发展，帮助学习者学会聆听他人观点，内化多元思维方式，并用精准的语言清晰阐释个人学术思想，最终在学术共同体中获得认同并确立学术身份（Read, 2015）。

那么，学术素养是否等同于学术语言能力呢？答案是否定的，两者在根源上存在一定差别。学术素养的概念不仅包括学术语言能力，也包括在学术语境中产生的知识、情感、态度等多个层面。意义的生成过程很复杂，不仅是语言及符号的简单呈现（Bloxham & West, 2007; Lea, 2014; Street, 2003, 2005）；意义的生成是思想的再现，是知识体系的重构，与语境紧密相连，可以被理解为一种社会实践。

多年来，国内外学者深入研究学术素养的具体内涵。Weideman（2006）将学术素养具化为以下十种能力（见表2.1）。

表2.1 学术素养包括的十种能力

| | |
|---|---|
| 1. | 能在语境中理解大量学术词汇 |
| 2. | 能解释和使用隐喻和俗语，感知其内涵、措辞和含糊之处 |
| 3. | 能运用引言和结论，理解文本不同部分的关系，领会学术语篇的逻辑关系，并能使用语言衔接文本的各个部分 |
| 4. | 能解释不同类型或体裁的文本，洞察文本传达的意义及目标读者 |
| 5. | 能解释、使用和产出通过图片或其他视觉形式呈现的信息 |
| 6. | 能区分重要和次要信息、事实和观点、命题和论点、原因和结果，对比较性的数据进行分类和处理 |
| 7. | 能厘清学术性信息中的序次，对提出论点所需的数据进行简单的估算、计算、比较 |
| 8. | 能分辨论证中的证据，通过推断外推信息，并能更广泛地运用所获信息或启示 |
| 9. | 能理解学术语言中的不同表达方式（如：定义、举例、议论） |
| 10. | 能理解超越句子层面的学术文本的含义 |

这十种能力主要关注学习者对学术信息的理解、分析、解构和运用，以帮助他们有效地处理和应用所接收到的信息。然而，Weideman（2006）的概念解构忽视了学术素养中所包含的情感态度维度。我国学者高霄（2022）的研究弥补了这一缺陷。他认为，学术素养由学术文化语境中学习者通过英语学习所获得的学术能力与学术心智构成。其中，学术能力包括学术语言能力、学术思维能力与研学能力。学术语言能力包含学术语言知识和学术语言技能；学术思维能力涵盖分析、推理与评价等技能；研学能力包括学术研究知识和学术研究技能。学术心智则由学术意识和学术倾向组成。高霄（2022）将大学英语课程的学术素养内涵与基础教育阶段的核心素养进行了衔接。其中，学术语言能力衔接基础教育学段英语语言能力，学术思维能力对接该学段的思维品质，研学能力对应学习能力，学术文化语境则衔接文化意识。

基于高霄（2022）提出的大学英语课程学术素养框架，笔者认为拔尖人才的学术心智还需包括学术品格（见表2.2）。学术品格是学术研究品格与学人品格的统一，是做学问者的职业道德和操守，包括诚实、正直、尊重知识产权、学术诚信、严谨的研究方法和道德义务的履行等。优秀的学术品格可以确保拔尖人才甘于默默无闻，潜心钻研，具备沉稳坚毅的个性。

表2.2 拔尖创新人才大学英语课程学术素养框架（改编自高霄，2022：9）

| 学术能力 | | 学术心智 |
|---|---|---|
| 构成要素 | 指标 | |
| 学术语言能力 | 学术语言知识<br>学术语言技能 | 学术意识<br>学术倾向<br>学术品格 |
| 学术思维能力 | 分析、推理、批判与评价等技能 | |
| 研学能力 | 学术研究知识<br>学术研究技能 | |
| 学术文化语境 | | |

综上所述，在学术文化语境下，学术能力与学术心智相互融合，共同构建起拔尖创新人才所需的学术素养，帮助他们在语言学习过程中逐步养成适应个人成长和社会发展所必备的品格及高级行为能力，使其具备深厚的人文底蕴、扎实的专业知识以及求真务实的科学精神，助其获得卓越的跨文化交际与沟通能力、创新实践能力、高阶思维能力以及强劲的国际竞争力（高霄，2022）。

## 2.2 学术素养范式

早期文献中，学界对学术素养的范式提出了多种设想。Lea & Street（1998）从全新角度解读学术语境下的学生素养，将其分为三类：学习技能模式（study skills）、学术社会化模式（academic socialization）和学术素养模式（academic literacies）。"学习技能模式"把写作和素养视为个人的认知技能，它侧重于语言形式的表层特征，如句子结构、语法和标点，并认为学生能自然地将其写作知识和素养从一个语境迁移到另一个语境。"学术社会化模式"关注学生对学科、学科课程和体裁的文化适应性，认为学科语篇和体裁是相对稳定的，学习者通过理解和掌握特定学术语篇的规则，完成社会身份建构。"学术素养模式"则受宏观社会文化环境、中观学校与课堂环境的影响，关注意义构成、身份、权力和权威等，强调知识在特定学术语境中的系统性。Street（2003）进一步聚焦学术素养，将其划分为"自主模型"（autonomous model）和"意识形态模型"（ideological model）。"自主模型"强调有读写能力的人拥有一系列通用于阅读和写作任务的认知技能。而"意识形态模型"则认为素养嵌于特定的社会和文化环境，这意味着真正的学术英语读写应遵从特定学科的规则，这些规则不仅包括学科内容或术语，还应包括搭配方法、风格、组织结构、体裁、语态等语言特征。

上述两类范式仍然围绕早期将学术素养等同于学术读写素养的观念进行划分。Taylor（2019）总结了近几十年学界对学术素养构念的界定和演变，并将其归纳为以下三种范式。

第一，通用学习技能方法（generic study skills approach）。对通用学习技能的探讨始于 20 世纪 70 年代，并得到早期学者研究成果的支撑。这种范式聚焦学术语言能力教学和测试研究。研究者认为，学术语言能力首先等同于熟练的读写能力，包括论证、逻辑、启示、分析、解释和报告等，它可以帮助学习者完成适当的语篇行为，例如：与学科专业相关的学术成果产出（Davies, 2008）；同时，它也包含在听、说、读、写四个基本技能之间娴熟转换的能力。这种能力是一种综合性的通用能力，适用于所有进入高等教育的学生，不受具体专业领域影响。无论学生在哪个学科领域学习，都需要掌握这种通用学习技能，即一种与语言因素紧密关联的技能，也被称为学术语言能力。围绕这一能力，国内外研究者曾开展多角度的实证研究。Weir（1983）以在英国学习的 940 位留学生、530 位英国本土学生和 560 位教师为研究对象，通过对 43 门研究生课程、61 门本科生课程以及 39 份 A-Level 试卷进行研究发现，在针对不同学术水平和不同学科所开展的学术活动中，阅读与写作活动涉及的内容高度重合。基于此项调查，Weir（1983）开发了通用学习技能语言测试 TEAP（Test of English for Academic Purposes）。该测试于 2014 年引入日本后，开发了日本的 TEAP，旨在通过听、说、读、写四项基本技能测试日本学生在进入大学学习之前的学术英语能力。该测试与托福考试（TOEFL iBT）在构念上有极高的相关度，但在难度上略低于托福考试，更适用于日本本土英语学习者（Innamiet al., 2016）。

第二，基于体裁的方法（genre-specific approach/genre-based approach）。20 世纪 80 年代初，随着语料库语言学的发展，学界对语篇分析和体裁分析产生了极大兴趣，尤其是运用体裁研究方法对学术素养构念展开深入挖掘。其出发点是，不同学科和语境下的学术语篇具有独特的体裁特征（Brown & Yule, 1983; Swales, 1990）。基于此，学术素养的界定不仅包含对通用学习技能的掌握，更强调培养学习者的体裁意识，即不仅要熟悉特定学科的语言表层特征（如词汇、语法），也需要理解深层的语篇结构和展开逻辑。简言之，学术素养应体现为"特定学习领域内撰写课程论文的能力"，这既涉及学科专业知识的积累，也包含对学科特有语篇范式的掌握。例如:"有些学科需要对理论知识进行归纳提炼,有些学科注重对具体事实细节的引证,不同学科领域都包含着深层次的方法论问题"(Lea & Street, 1998: 164)。然而,语言并非一成不变的词条,而是一种鲜活的社会现象。其意义的生成是动态的,是交流链条中的一个环节。因此,基于体裁的方法强调"学术社会化",主张语言学习应从"独白式"走向"对话式"[1]。这一过程包含双重内涵。其一,通过语篇实践与探索习得语言,逐步引导学习者由显性学习(规则认知)转向隐性学习(语言直觉)。其二,将语言视为具有特定语言学特征的体裁,运用显性教学法帮助学习者掌握学术体裁特征(Lillis, 2003)。以学术写作教学为例[2],英国学者Nesi et al.(2007)通过实证研究发现,高校对学生学术写作能力的考核需兼顾多重维度,包括修辞结构的适配性、交际目标的达成度以及读者群体的期待。基于对大量文本的分析,学者们总结出13种核心写作类型(包括公文、评鉴、文献综述、方法论述、研究报告、事件评价、个案研究、设计说明、问题解决、研究计划、演讲稿、新闻报道、创新写作等),并据此搭建了英国学术写作英语语料库,为学科写作教学提供实证支持[3]。这种将体裁作为文本组织形式的研究能够帮助学习者了解文本生成的过程,并且能够"接受及阐释过程中体现的社会关系"(Kress, 2003: 94)。在后现代语境中,学术体裁逐渐呈现出流变性,边界逐渐模糊,因此,"体裁的社会性和文本性变得同等重要,其互动功能成为学术素养研究的新焦点(Huang & Archer, 2017: 65)。于是,学界在通用技能和体裁的基础上增加了一个维度:基于社会情境的学术素养,进一步强调学术互动中的情境嵌入性与社会协商性。

---

[1] 该研究者借用了巴赫金"复调小说理论"的两个术语,并将这两个术语译为"monologue"和"dialogue",用来论述高等教育的目标。本研究将两个术语译为"独白式"和"对话式",仅为符合本研究的"话语"。事实上,两个术语在文学研究领域多译为"独白"和"复调"("复调"是巴赫金借用音乐学中的术语,用于说明小说创作中的"多声部"现象)。巴赫金认为,独白型小说取决于作者本人对描写对象的单方面对等,只有作者一个声音在说话,作者运用一种全知全能的视角替所有主人公的语言、心理和行为"说话"。而复调小说不存在一个全知全能的作者,作者与主人公之间的关系是平等的对话关系,这种小说是各种独立意识和完整价值观的多重声音组合。

[2] 之所以选择学术写作展开讨论,是因为各学科都需要学生完成一定的学术写作任务。

[3] https://ota.bodleian.ox.ac.uk/repository/xmlui/handle/20.500.12024/2539.

第三，基于社会情境的方法（socially situated discourse approach）。学术素养与学术语言能力之间存在相似性，均指向听、说、读、写四项基本技能（Read, 2015），尤其是写作能力。但是，仅关注通用学习技能的思路不够全面，它忽视了学习者和教学实践之间的互动，因为其基本理念是知识是通过传输而非通过写作实践建构的。换言之，这种隐含在通用学习技能范式背后的理念并未充分考虑到学生在写作过程中的学术和社会身份建构，也未考虑权力和权威关系已经嵌入学生的写作互动之中（Lea & Street, 1998）。正如Weigle（2011: 13）所言："从社会文化视角来看，写作能力意味着成为某社会圈或话语圈成员的能力"。因此，学术语篇应从社会情境出发，充分考虑其中蕴含的权力关系和权威结构等问题（Lea & Street, 1998; Murray, 2016）。例如，Lillis（2003）认为，学术素养应强调学生写作中的社会情境和意识形态特征，并主张在基于社会情境的方法和通用学习技能方法之间找到一种平衡。这种方法聚焦学生学术写作中被忽视的部分，如权力关系对学生写作的影响、学术写作中身份建构的重要性以及学术写作是具有意识形态色彩的知识建构等。从这个意义上说，学术写作也是一种"对话"，这种"对话""是隐喻、是哲学、也是实践"（Lillis, 2003: 197）。如果把"对话"作为语言的特性，并从意识形态层面理解人类的沟通语言，那么所有的言语表达都是对话式的，都包含着一种介于"文化力量"和"论述话语"之间的张力和差异。这种张力强调"意义的生成是差异的相遇，意义的建构是让差异发生作用"——具有"独白"性质的"文化力量"通常承认"一个真相、一种声音、一种身份、非此即彼的二元逻辑和权威话语"，而具有"对话"性质的"论述话语"则始终坚持"多重真相、多重声音、多种身份相互杂糅的内在论述话语"（Lillis, 2003: 198, 199, 205）。

学术素养的这三种范式之间并不存在等级之分。在教学实践中，可以采用任何一种范式，或者结合各种范式的优点展开教学。就目前国内大学英语教学而言，通用学习技能方法仍是课程开发着重参考的理念之一。基于体裁的方法则通常应用于教学任务和活动设计，而基于社会情境的方法则有助于帮助外语学习者在不同学科领域完成身份认同建构。在理论与实践相结合的过程中，借鉴同行的研究成果，参考国内外专业考试对学术素养的考查，都将有助于进一步推动拔尖创新人才大学英语课程设计、教学材料选择与开发，以及教学实施与评估。

## 2.3 学术素养在考核评价中的体现

纵观全球主流英语考试，如雅思、托福、培生等学术英语水平考试，国际学术环境中的综合语言运用能力一直是这些考试的考查重点。这一重点同样体现在我国的重要语言考试中。这些考试"系统采集有关大学英语课程和大学英语能力的信息，通过多维度综合分析，判断大学英语课程和大学英语能力是否达到了规定的目标，并为大学英语课程的实施和管理提供有效反馈，推动大学英语课程的改革和发展"（《指南》: 25）。例如，大学英语四、六级考试旨在评估学生的英语综合能力，而研究生入学考试则重点考查申请者的学术英语语言能力，以确保其能够顺利开展研究生阶段的学术研究。这些考试的内容通常能够映射出特定的教育目标。其中，学术能力目标包括知识目标和能力目标。知识目标主要包括事实性知识、概念性知识、程序性知识和元认知知识。基于"布鲁姆分类法"，能力目标则涵盖记忆、理解、应用、分析、评价和创造等能力（马扎诺和肯德尔，2012: 9）。值得注意的是，各大考试较少涉及学术心智的考查，这可能是由于其测量难度较高。然而作为学术素养中不可或缺的内容，本研究拟将其纳入过程性评价之中。表 2.3 分析并列出了三个影响力较大的国际考试和两个国内考试所考查的学术语言能力 [1]。

---

1 由于表中所涉及的考试均为语言类考试，因此，此处所谈及的学术能力，即学术语言能力。

表 2.3　社会化考试中考查的相关学术语言能力

| 考试名称 | 考查学术语言能力 |
| --- | --- |
| 雅思考试 | ・理解主旨大意、细节及理解逻辑论证和辨别作者的观点、态度及意图<br>・识别文本中事实、观点和理论及其相互间的关联<br>・找出图表中重要相关信息，并以学术风格准确地概括其内容<br>・呈现清晰、相关、结构良好的论点，并辅以证据来支撑观点<br>・运用词汇、语法及衔接手段进行较长陈述或撰写学术文章 |
| 托福考试 | ・辨识并理解文本重要观点及支撑细节、定义、暗含意思<br>・理解作者谋篇布局的意图、逻辑推演记忆作者/说话者的态度<br>・领会语境的实际功能，找出特定语境中词、句的含义/言外之意<br>・总结、归纳学术文本含义、逻辑关系并展开口头陈述<br>・概括、比较、分析并有逻辑地论证观点 |
| 培生考试 | ・理解文本意义及意义之间的连接<br>・描述主要内容、主要观点及呈现细节和结论<br>・理解学术语篇的组织结构和衔接，分析、解读和评价学术性简短语篇<br>・运用语境知识和语法知识来完成语篇<br>・理解、分析和整合讲座信息，概述其主要内容并推断说话者未来话题 |
| 大学英语四、六级考试 | ・理解主旨大意、重要事实和细节、隐含意义，判断作者的观点态度<br>・运用写作策略就熟悉的话题和情境进行书面表达<br>・运用翻译策略和语言知识翻译主题，熟悉内容浅显的汉语段落<br>・运用口头交际策略进行口头阐述和口头互动 |
| 研究生入学考试（英语） | ・理解主旨要义、具体信息、概念性含义，区分论点与论据，根据上下文推测生词含义<br>・理解文章总体结构、作者意图/观点/态度，进行判读、推理和引申<br>・理解概念或结构较为复杂的英语文字材料并进行翻译<br>・撰写不同类型的应用文以及描述性、叙述性、说明性或议论性的文章 |

由上表可见，每个考试所涉及的学术语言能力都存在一定程度的异同，而这与考试的任务类型设置紧密相关。深入研究国内外重大考试的任务设计不仅对拔尖人才学术素养课程的设置和开发具有较高的参考价值，还对一线教师改善教学理念、反思与修正教学知识、合理选择及深入理解教学材料、提高课堂决策的准确度及课堂活动设计的有效性具有重要意义。鉴于此，笔者将以《北京市大学生入学英语分级测试》为例[1]，解析该考试对于拔尖学生学术素养的考查。

《北京市大学生入学英语分级测试》由北京市高等教育学会大学英语研究会组织具有测试理论水平及多年高校英语教学经验的专家和教师组编。顾名思义，该测试主要用于大学英语本科生入学分级和分类。为保证测试的信度和效度，编写组成员多年来保持相对稳定，题型也保持不变。同时，为确保测试的客观性，并保障各校迅速获得成绩报告以完成分级分班任务、保证各校教学安排顺利进行，该测试仅采用四类限制性考题（Stiggins，1994）中的第一种：多项选择题。该试卷结构如表2.4所示。

表2.4 《北京市大学生入学英语分级测试》试卷结构

| 部分 | 内容 | 文本数量 | 题目数量 | 考查能力 |
| --- | --- | --- | --- | --- |
| 听力理解 | 短新闻 | 3条新闻 | 7题 | 概括大意，理解重要细节 |
|  | 长对话 | 1组对话 | 3题 | 理解重要细节 |
|  | 短文 | 3篇短文 | 10题 | 查找特定信息，理解重要细节 |
| 阅读理解 | 短文 | 4篇短文 | 20题 | 猜测词义，理解重要细节，推断、概括大意 |
| 词汇和语法结构 | 句子 | 40个句子 | 40题 | 词汇和语法运用 |
| 完型填空 | 短文 | 1篇短文 | 20题 | 篇章中词汇和语法的运用 |

由上表可以看出，《北京市大学生入学英语分级测试》侧重的学术能力主要集中于语境中的词汇、文本内容（含大意和细节）及目标、语篇

---

[1] 之所以选取《北京市大学生入学英语分级测试》进行示例分析，主要是因为北京师范大学"拔尖人才班"学生入学后需要统一参加这一考试。

内在逻辑关系，涉及教育目标新分类法六个水平体系中的前三个水平：信息提取、理解和分析（马扎诺和肯德尔，2012）。虽然该考试仅涉及了有限的学术能力和认知系统中三个低级别水平，但通过分析拔尖学生在该考试中的表现，可以了解他们在进入大学时的学术素养情况，为大学英语课程建设提供一定的参考数据，并明确下一步英语教学的方向。

如前文所述，北京师范大学"拔尖人才班"（包括"励耘实验班"和"强基计划"的学生）的学生均通过全国高考成绩选拔录取。然而，由于我国高考仍存在部分省市自主命题的情况，各地考生的试卷并不统一，很难据此对考生入学时的语言水平进行横向比较。在此背景下，采用《北京市大学生入学英语分级测试》有助于了解学生高中学段的英语语言学习质量和他们所掌握的综合技能，进而依据学术素养能力指标（参见表2.2），确定拔尖创新人才在大学阶段的英语学习需求，明确"必须教什么"和"必须学什么"。

## 2.4 拔尖创新人才学术语言能力的初期测评

本节将以北京师范大学某届"拔尖人才班"189名学生在《北京市大学生入学英语分级测试》中的成绩为例，基于对学生成绩的分析，建构与基础学段英语课程对接的、以学术素养为导向的课程框架。表2.5展示了189名拔尖学生的英语成绩[1]——总分均值为54.45/100分，未达到及格线。其中，"词汇语法结构"和"完型"两大题型的均值均未及格，"听力"和"阅读"的均值也仅过及格线。

表2.5 北京师范大学"拔尖人才班"入学分级考试分数分布情况

|  | 听力（20分） | 阅读（40分） | 词汇语法结构（20分） | 完型（20分） | 总分 |
| --- | --- | --- | --- | --- | --- |
| 均值 | 13.0423 | 24.4868 | 8.4947 | 8.4286 | 54.4524 |
| 均值标准误 | .22342 | .34817 | .16261 | .25937 | .68843 |

（待续）

---

1 数据分析采用SPSS 24。

（续表）

|  | 听力<br>（20分） | 阅读<br>（40分） | 词汇语法结构<br>（20分） | 完型<br>（20分） | 总分 |
| --- | --- | --- | --- | --- | --- |
| 中数 | 13.0000 | 24.0000 | 8.5000 | 8.0000 | 54.0000 |
| 众数 | 13.00 | 28.00 | 10.00 | 7.00 | 50.00a |
| 标准差 | 3.07154 | 4.78652 | 2.23547 | 3.56571 | 9.46440 |
| 偏度 | -.418 | -.491 | -.119 | -.133 | -.189 |
| 偏度标准误 | .177 | .177 | .177 | .177 | .177 |
| 峰度 | .081 | 1.012 | -.171 | -.475 | .204 |
| 峰度标准误 | .352 | .352 | .352 | .352 | .352 |
| 最低分 | 4.00 | 6.00 | 3.00 | .00 | 26.50 |
| 最高分 | 20.00 | 38.00 | 15.00 | 16.00 | 81.00 |

a. Multiple modes exist. The smallest value is shown

为进一步解构拔尖学生在本次分级测试中的根本问题，图2.1所示柱状图群详细呈现了每个题型中，学生成绩的具体分布情况。

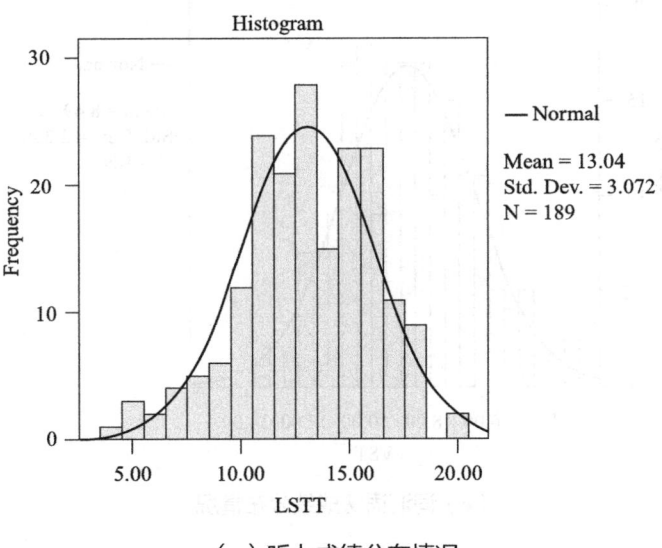

（a）听力成绩分布情况

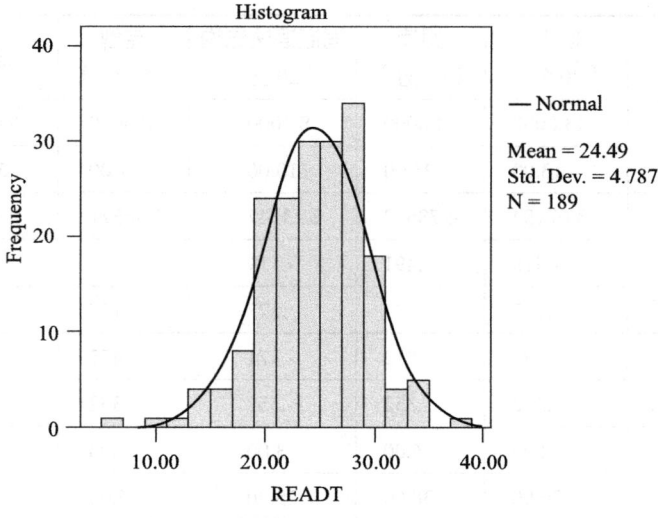

（b）阅读成绩分布情况

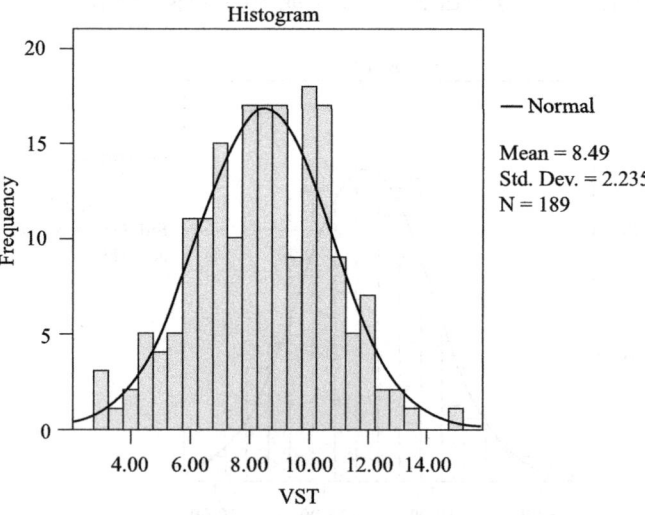

（c）词汇语法成绩分布情况

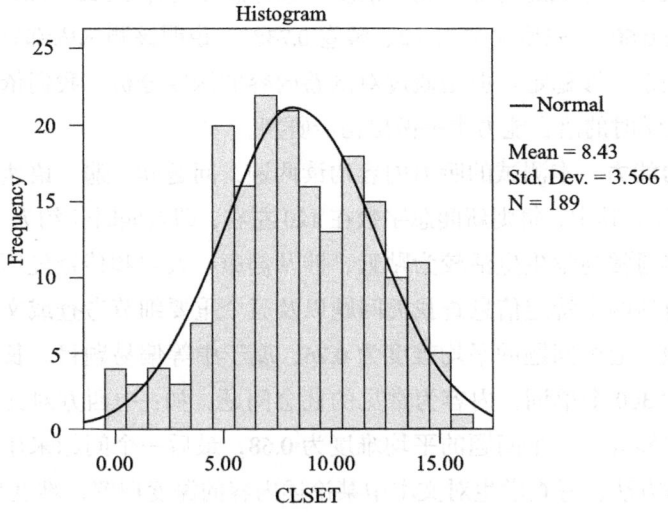

（d）完型填空成绩分布情况

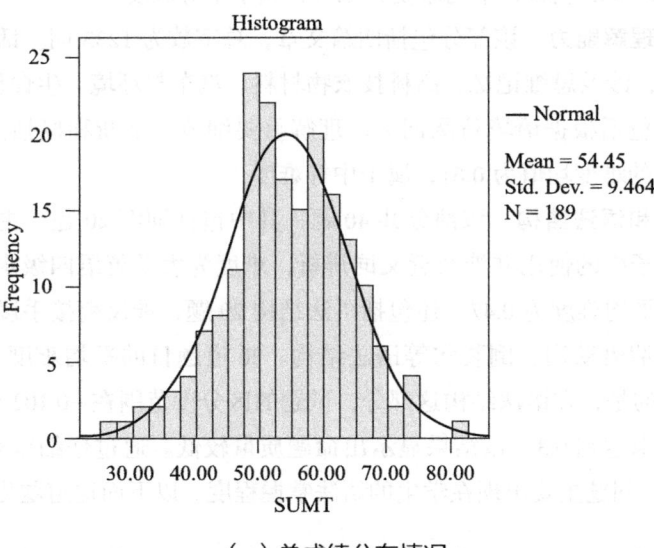

（e）总成绩分布情况

图 2.1　北京师范大学"拔尖人才班"入学分级考试成绩分布图

本次分级考试的内部一致性信度不够理想（听力 0.622、阅读 0.415、词汇语法 0.607、完型填空 0.692、整卷 0.738），说明该测试内部题目之间的信度关系不够稳定。但是通过对试卷内容的深度分析，我们依然能够对学生入学时的语言能力水平做出初步研判。

**听力能力**　本测试的听力内容均读两遍，问题读一遍。语速基本在 120 词 / 分。其中，每则新闻总字数在 120 左右，即新闻时长约为 1 分钟。话题内容通常与学生生活较为贴近，涉及健康、太空和传奇经历等。七个问题包括两个特定信息查找类问题以及五个重要细节考查或文本大意理解问题。七个问题的平均难度为 0.76，属于中等偏易题目。长对话总长度约为 300 个单词，内容为常见的社会问题，如：中西方对儿童教育的态度差异等。三个问题的平均难度为 0.68，最后一个问题采用深度释义的命题方法，考查学生对文本中某论述内容的深度理解，难度是 0.38。三篇短文听力中，每篇长度在 250 词左右，话题通常与学生生活相关，例如：网速问题、学生助学贷款、人工智能与心理健康等。考查内容均为对重要细节的理解，平均难度在 0.57，属于中等难度。

**阅读理解能力**　该部分包括四篇文章，总字数为 1233 词。话题内容涵盖较广，涉及思维记忆、高科技衣物材料、汽车与环境、生命健康等。考查内容包括根据语境猜测词义、理解重要细节、推断和概括大意等。20 个题目的难度均值为 0.61，属于中等难度。

**词汇和语法结构**　该部分共 40 题，其中包括词汇 20 题，主要考查词汇在句子中的使用并涉及近义词辨析，难度为大学英语四级水平。20 道题目的平均难度为 0.47。还包括语法结构 20 题，涉及衔接手段、虚拟语气、非谓语动词、倒装句等语法结构。20 道题目的平均难度为 0.38。值得注意的是，在语法结构这部分，试题的区分度范围在 −0.102 到 0.271 之间，均未达到 0.3。该结果显示出命题质量较低。通过仔细审查试题，笔者发现：问题主要出现在学生的语法掌握程度。以下面这道题为例：

These people will be much more likely to build up a relationship with you, whether it _____ a friendship or a business relationship.

A. is　　　B. could be　　　C. will be　　　D. might be

该题目考查点为基础教育阶段应该掌握的语法内容。本题难度为 0.05，区分度为 −0.07。参加考试的学生选择结果为：98 人选择 A，9 人选择 B，48 人选择 C，32 人选择 D，2 人未选。可见，半数左右的学生没有掌握这个语法点，并不是题目本身的问题。

**完型填空**　　该题型主要考查学生的综合语言能力，要求其在语境中根据上下文选择意义合适的词汇以保证语篇逻辑合理。该题目平均难度是 0.42，偏难。考查词汇的范围均为大学英语四级以内水平。

从上述分级测试结果分析来看，189 名拔尖学生在面对中等难度的题型时表现并不理想，语言基础知识相对薄弱。然而，由于该分级测试全部为选择题，没有对学生的书面和口头产出能力进行全面考查，因此，学生的英语语言水平还需进一步考核。

结合拔尖学生的测试结果和"基础学科拔尖创新人才"发展目标，笔者所在教学团队根据《指南》和《量表》[1]的具体要求，在确保语言学习渐进性和持续性的基础上，调整了北京师范大学"拔尖人才班"学术语言能力培养架构，提出以学术素养为导向的课程模式。该模式以终为始，循序渐进地搭建课程体系，旨在通过有机融合各种课程内容要素，产生累积效应，为拔尖学生的学术素养发展奠定扎实基础。为确保教学内容的层次化、结构化与连贯性，教学团队在学分与课时有限的情况下，克服了知识点逐点解析和技能单项训练的局限性，设计了多元化语言类课程。这些课程注重内容的实用性和延展性，将点状传输的知识逐步结成网状结构，并通过纵横组织将各知识要素关联成面，打破学科界限和传统知识体系的束缚。同时，课程内容关注教学的整体性，强调学生在活动中形成的知识、技能、态度和品格的综合效应。简而言之，课程内容按照繁简、深浅和难易程度进行组织，注重前后联系，通过复现、递进和拓展，逐渐扩大内容范围并强化其广度和深度，最大限度回归"知识"的整体面貌。这种设计旨在促使拔尖学生的学术素养呈现"螺旋式上升"的发展态势。

---

1　根据《量表》，语言知识包括组构知识（语法知识和篇章知识）和语用知识（功能知识和社会语言知识）。语法知识包含语音知识、词汇知识、句法知识；篇章知识包括修辞或会话知识和衔接知识。在夯实语言知识的过程中，要考虑学生兴趣和教学资源，特别要考虑如何运用语言知识完成相应任务，从交际有效性角度和语篇角度帮助学生提升语言使用意识和语用能力。

## 2.5 小结

综上所述,学术素养是个体在学术道路上应具备的素质和修养,是学术活动得以持续进行的内在动力。拔尖人才学术素养培养的核心在于使其具备渊博的学识、独立的意识、批判的思维、创新的能力、严谨的精神和勤奋致学的态度,并迅速成长为推动国家发展和社会进步的主力军。

本章围绕学术素养的界定、范式及其在国内外考试评价中的呈现内容展开论述,以北京师范大学拔尖创新人才参加的《北京市大学生入学英语分级测试》为切入点,分析、梳理并总结了针对拔尖学生所开设的大学英语课程的基本方向。下一章将结合拔尖人才的发展需求,详细论述适合其成长发展的大学英语课程体系建构。

# 第三章　课程体系建构

如前所述，针对北京师范大学拔尖创新人才开设的大学英语课程拟以学术素养为引领，通过系统化的学习需求分析，精准定位课程目标与方向。《指南》已经从宏观层面对大学英语课程的目标进行了描述："培养学生的英语应用能力，增强跨文化交际意识和交际能力，同时发展自主学习能力，提高综合文化素养，培养人文精神和思辨能力，使学生在学习、生活和未来工作中能够恰当有效地使用英语，满足国家、社会、高校和个人发展的需要。"这一目标体现了国家、学科和个体三个维度的需求。任何课程设计都应建立在需求分析的基础上的（Hutchinson & Waters, 1987）。然而，不同学习者的外语学习需求不同，有的是为了应对日常交流或工作需要，有的是为了发展深造或提升学术能力（束定芳，2011；马冬梅、汪慧莹，2021）。针对拔尖创新人才这一特殊群体的大学英语课程需求尚未有明确定论。因此，建构学术素养导向的拔尖人才大学英语课程的首要任务是完成学习者需求分析，了解拔尖学生在国际社会发展过程中的具体需求，以便明确教学目标、精准设置课程模块、彰显教学效果（王银泉等，2016；邹晓燕、陈坚林，2016）。

## 3.1　需求分析与目标定位

需求分析是指为了更好地实现目标，对要满足的条件进行分析，弄清目标或问题的具体要求，以便制定切实可行的实施计划（王银泉等，2016）。国际上公认的需求分析模型有：Munby（1978）的目标情景分析（target situation analysis）模型，针对学生在未来目标职业或学业情景下的语言要求展开分析；Allwright（1982）的目前情景分析（present situation analysis)模型,对学习者在目标语运用环境中所需掌握的知识的识别及如何进行针对性施教的分析;Hutchinson & Water(1987)的学习者中心分析(a learning-centered approach)模型,由目标情景分析框架和学习需求分析框架组成,结合了二者的优势。上述需求分析模型主要涵盖两大维度:目标需求和学习需求。其中,目标需求是指学习者在学习结束后能顺利运用所学知识(包括必学知识、欠缺知识和想学知识)和技能;学习需求主要指调查学习者欠缺的技能、学习态度与偏好、需求与期望等,关注学习环境条件、学习者知识和技能等(Hutchinson & Waters, 1987)。笔者将参考上述模型对拔尖人才的需求展开分析。

首先,拔尖创新人才的目标需求与其初始水平相关。王蔷和胡亚琳(2017)提出了基础教育阶段学习者应当掌握的英语学科能力。笔者借鉴并局部调整了两位专家提出的"英语学科能力量表",将拔尖人才在高等教育阶段应当掌握的学术英语能力要素与高中英语核心素养进行了对接(具体描述见表3.1),从学习理解能力、应用实践能力和迁移创新能力三个方面逐级进行了描述。并结合《量表》,对每个层级的能力要素进行了等级标注(A1-C3)。考虑到拔尖人才的多元智能水平各不相同,学术英语能力参差不齐,为了便于因材施教,教学目标设定可以在一定区间内动态调整。

表 3.1　英语学科能力量表

| 能力要素 | | 内涵及表现指标 |
| --- | --- | --- |
| 学习理解能力 | A1 感知注意 | 能有目的、有计划地关注英语语言中的语音、词汇、句法等语言基本知识和现象及其背后的本质 |
| | A2 记忆检索 | 能结合即时情景,对存储在短时和长时记忆中的英语语言知识进行关联和检索 |
| | A3 提取概括 | 能通过识别词汇与句意,理解不同场合中一般性话题的语言材料,在目标范围内搜索并抓住英语文本中的重要信息,归纳概括信息的主旨 |

(待续)

(续表)

| 能力要素 | | 内涵及表现指标 |
|---|---|---|
| 应用实践能力 | B1 描述阐释 | 能用英语描述日常交际场景或相关主题情景；能用英语阐释图表、说明程序步骤 |
| | B2 分析论证 | 能根据语言材料分析判断或用英语有逻辑地解析语句之间、事件之间的因果关系，领悟语篇的意图和作者态度；能用英语结合事实和道理来证明、阐述论点，通过交流协商得出合乎事理规律的结论 |
| | B3 整合运用 | 能根据语言材料的语境、篇章结构、逻辑关系，用英语系统地组织、合并及编排信息；能从碎片化的信息中梳理出清晰的脉络关系，并通过整合手段综合运用语言 |
| 迁移创新能力 | C1 推理判断 | 能整合语言材料中的线索、逻辑、内在联系等复杂信息，合理推导出未知内容，并用英语准确、连贯、得体地表达出来 |
| | C2 创造想象 | 能基于已知信息发挥想象，衍生丰富、多样的创意，如创造对话、提出新的解决方案，为开放式故事续写/说结局 |
| | C3 批判评价 | 能就较为熟悉的话题进行批判性思考，通过合理论证和评判，在用英语表明个人观点和态度的同时，提出令人信服的见解 |

其次，拔尖创新人才的学习需求要与新时代人才强国战略相一致。我国新时代人才强国战略强调人才是第一资源。在百年变局加速演进中把握主动、赢得未来，需要快速壮大我国高端人才队伍。因此，在当前国际环境下，拔尖创新人才的学习需求是快速获取各学科领域的国际先进资讯，为其开展前沿学术研究奠定基础；同时，帮助其在国际会议中，自信且流利地与各国专家及同行交流观点、分享思想，传播中华优秀文化，从而推动我国尽快实现科技创新和跨越式发展（李韬、赵雯，2019）。鉴于此，针对这一特殊群体所开设的大学英语课程应当以学术素养为导向，通过课堂教学活动实现对其学术思维、学术自信、创新精神和家国情怀的培养，使其成为视野开阔、思想活跃、诚信自律、引领人类文明进步

的自然科学家和哲学社会科学家，以及基础科学领域未来的领军人才（文秋芳，1999；陈冰冰，2010；蔡基刚，2012a）。其中，视野的开阔离不开通晓国际通用语言，学术自信和创新精神建立在丰厚的知识和了解学科前沿研究的基础之上，也离不开对于语言的依赖。由此可见，英语是拔尖人才登上国际舞台的必备武器。

在掌握拔尖创新人才的目标需求后，还需进一步了解这一群体的学习特点。他们虽然具有智力高、能力强等优势，但也同时具有成就期望值高、兴趣及注意力转换快、英语水平参差不齐且学习时间有限等特点。因此，他们对大学英语课程内容的难度和进度、教学材料的选取和开发以及教学实施的组织形式与活动设计等需求各不相同。鉴于此，北京师范大学"拔尖人才班"大学英语课程设置不仅要满足其掌握语言基础知识、训练语言技能的目的，兼顾其学术思想领悟力的培养、学术活动经验的积累及学术品质的提升，还要在有限的时间内提供多元且灵活的课程内容和教学活动。于是，学校设置了拔尖人才英语培养"特区"，采取单独设班授课的方式，执行独立的英语课程方案，集中优势资源[1]，搭建多元化平台。

总体而言，拔尖人才的大学英语课程设置主要遵循以下三个原则：第一，课程目标中囊括人文修养、科学精神、批判分析、沟通表达与自主发展五大维度，注重拓宽学生的国际视野，培养提出问题、分析问题和解决问题的能力，把对学生学术及日常表达能力、文献检索与阅读理解能力、自我管理与自主学习能力同家国情怀、探究意识、求证意识的培养相结合；第二，教学实施过程中，强调"教"与"学"并重，以需求促供给，通过强化学生的语言产出（着力培养书面语和口语的表述能力），使其意识到语言能力的重要性，以调动学生的学习积极性和自主性；第三，有效发挥教学评价的导向作用，根据教育情境和课程内容的变化，随时调整评价任务和方法，增强评价任务与教学目标的一致性，在调节和干预学习过程的同时，促进教学评一致（郭乙瑶、林敦来，2016）。基

---

1 北京师范大学"拔尖人才班"大学英语课程的中国任课教师均具有博士学位及海外求学背景，外籍教师均具有硕士及以上学位。

于上述三大原则,北京师范大学公共外语教学团队围绕拔尖人才构筑了"学术英语课程体系"。该课程体系由"2+1+X"模块组成(见图3.1)。

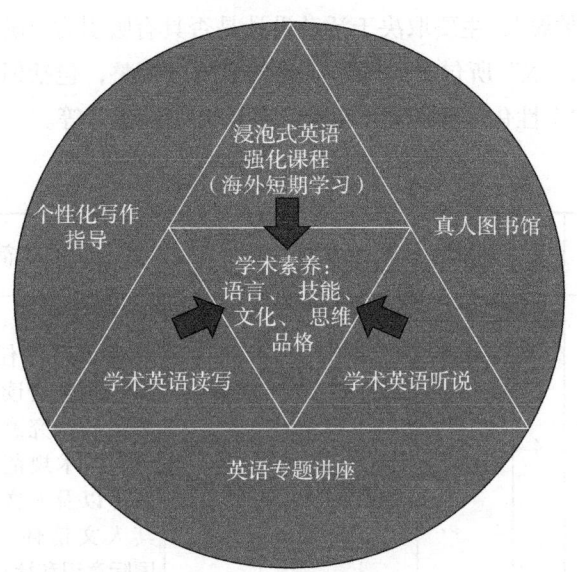

图3.1 "拔尖人才班""2+1+X"学术英语课程体系

"2+1+X"模块中,"2"是指"学术英语读写"和"学术英语听说"两门核心课程,两个学期共计8学分[1]。两门课程以语言技能作为切入点,在夯实英语基础的同时,鼓励学生结合自身专业特点,自主拓展学习内容,培养知识通融能力和高阶思维能力,通过启发式、讨论式和探究式的学习方法,激发学生学习兴趣和潜能,为开展跨学科学术交流奠定基础(Breeze & Guinda, 2017)。"1"是指"浸泡式英语强化课程",共2学分。该课程设计聚焦语言产出,培养学生以英语作为媒介,通过对不同来源的信息进行综合、对比、分析,在寻找真相的过程中,形成自己的观点和认知,规范、清晰、得体、顺畅地阐释并表达个人观点。"学术英语读写""学术英语听说"和"浸泡式英语强化课程"是"拔尖人才班"学术英语课程的主体,内容详见表3.2。此外,模块中的"X"代表无限可能,

---

1 "拔尖人才班"大学英语课程共计10学分。

在学术英语课程模块中属于非学分制内容驱动型教学活动，围绕学习者专业学习需求动态开展。鉴于缺乏学分驱动，拔尖学生选择"趋之若鹜"还是"弃如敝屣"，主要取决于活动设计是否具有吸引力。随着拔尖学生需求的变化，"X"所包含的课外活动也会随之调整，包括但不限于"真人图书馆""个性化写作指导"以及"英语专题讲座"等。

表 3.2 "拔尖人才班"学术英语课程学分构成

| 课程模块 | 学分 | 周学时 | 评价 | 课程性质 | 内容简介 |
| --- | --- | --- | --- | --- | --- |
| "学术英语读写 AI/AII[1]" | 4 | 4 | 过程性评价 70%+ 终结性评价（水平考试）30% | 必修 | 通过读写结合、以写促读：以学术写作任务为基础，引导学生研读经典、培养学生的探究意识、求证意识、学术规范意识、科学精神以及人文修养，增强其人文情怀、历史洞见、国际意识和社会责任 |
| "学术英语听说 AI/AII" | 4 | 4 | 过程性评价 70%+ 终结性评价（水平考试）30% | 必修 | 引导学生学会抓住时事新闻和学术讲座的框架结构和关键信息，能够对所听内容加以批判分析、总结阐述，详尽表达个人观点，并对他人的观点进行提问或评价 |
| "浸泡式英语强化课程" | 2 | 32 | 过程性评价 60%+ 终结性评价（戏剧表演、模拟辩论等）40% | 选择性必修 | 通过营造沉浸式英语学习氛围，借助外籍专家设计的各种仿真体验活动，提高学生英语学习兴趣，开阔国际视野，强化英语听说技能，培养跨文化沟通能力 |

---

1 "学术英语读写 AI/AII" 和 "学术英语听说 AI/AII" 中的 AI 和 AII 代表上下两个学期。后面将以学年为单位讨论课程设置，将不再出现 AI/AII 的标识。

下面将逐一解析表 3.2 中列出的学术英语课程模块中三大核心课程的具体目标定位和操作示例。

## 3.2 聚焦"学术英语读写"课程教学目标

国外知名高等学府均开设了聚焦学术语言能力培养的英语读写课程，如美国哈佛大学和英国剑桥大学等，其授课对象既包括英语母语者，也包括英语非母语的留学生。此类课程旨在帮助学习者通过文献查找、筛选、阅读和解析，快速提炼语篇框架、抓住关键信息，获取学科领域的专业知识，并逐步掌握学术论文写作规范和手法。这一目标与我国自古以来的教育理念不谋而合。古人倚重博览群书、熟读经典，充分合理地阐述了"博览与知识""读书与表达""诵读与创作"之间的互动关系。这种互动关系的建立，强调了"有效信息输入"对于经典解读与文本创作的重要性（杨永林、董玉真，2010）。这种"读写结合"的教育教学理念对拔尖人才"学术英语读写"课程建设有较强的参考和启发作用（高霄，2022）。

现实中，多数拔尖人才的大学英语学习时间被专业学习所挤压，"读"的任务通常需要学生课后自主完成。因此，为北京师范大学"拔尖人才班"打造的"学术英语读写"课程定位是：通过读写结合、以写促读，将"读"作为写作的基础，帮助学生逐步形成阅读经典的习惯，提高学生对学术语篇的分析、鉴赏与批判能力，引导他们在阅读中寻找、分析研究空白，积累写作素材，旁征博引，鉴别和防止学术剽窃，在提升学术写作实力的同时，增强其文化理解力和国际传播力。此外，将思政育人理念渗透到课程之中，丰富英语教学的精神内涵，潜移默化地提高学生的学术意识、学术倾向和学术品格，构建全方位的育人格局。那么，围绕拔尖人才开展的学术英语读写教学目标应当聚焦在哪些方面呢？

### 3.2.1 课程教学目标

课程教学目标需要包括学生应该学习的知识和技能以及学科领域中本质性的、最为重要持久的概念和原理等，并且对这些目标需要表现的程度加以限定，即学生在这些方面所需展示出的水平（郭乙瑶、林敦来，2016）。拔尖人才"学术英语读写"课程集阅读赏析、集体讨论、根据观点形成书面表达于一体，拓宽学生的思维模式，培养他们的跨文化意识和学术语言能力，使其能够独立撰写高质量的学术英语论文。基于本课程的定位，结合《量表》和布鲁姆修订后的教育目标分类框架（记忆、理解、应用、分析、评价、创造等），"学术英语读写"课程的具体教学目标（知识目标、技能目标和情感目标）如下：

第一，通过对中英文语篇在语句和段落层面进行分析和讨论，识别英语语篇句式和段落的语言特征；运用对比、模仿和扩展英语句式和段落的方式，引导学生掌握语言规律，增强跨文化意识（A1-A3）；

第二，通过阅读多种体裁的语篇，学会如何撰写应用文和描述文；能够有条理地介绍日常学习或者描述社会生活，提升学生的英语写作兴趣；确保词汇语法使用正确、语篇格式无误、句式结构完整、语言表达恰切（B1-B3）；

第三，通过阅读社会时事，独立思考、阐释对比、创新思维、客观分析梳理事件，始终保持求实的治学态度；就熟悉或关心的话题准确恰当地提出个人观点，表明态度，能够运用可靠的论据和有效的衔接手段，逻辑清晰地谋篇布局，如说明文和议论文（B2-C1）；

第四，能够根据专业学习需求检索学术文献，阅读并综述文献主要内容和语篇特点，提升概括总结、改写转述和整合信息的能力；能够灵活运用所学知识，撰写文章摘要、文献综述及学术报告等；根据语篇特征和语用场景自由切换使用规范化语言，实现与读者的有效沟通，形成科学且严谨的研究态度（B3-C2）；

第五，培养元认知策略，即学生在写作过程中的自我监控及反思调节能力；引导学生通过一文多稿，充分关注自身写作能力的发展变化，及时制定并调整相应学习策略，逐渐向自主学习过渡（C1-C3）。

如前所述，课程教学目标是动态变化的。为了契合不同拔尖学生的个体特征，教师可以根据每个教学目标所对应的《量表》中的等级范围（如：A1-A3），灵活调整教学目标，助力学习者达到指标范围内的学习效果。

### 3.2.2 具体操作示例

"学术英语读写"课程教学目标五：培养元认知策略，即学生在写作过程中的自我监控及反思调节能力；引导学生通过一文多稿，充分关注自身写作能力的发展变化，及时制定并调整相应学习策略，逐渐向自主学习过渡（C1-C3）。

通过长期观察发现，拔尖学生在提交写作任务前缺乏自我核查和修订意识，导致他们所提交的任务中不但存在很多低级错误，而且这些错误会在他们的作业中反复出现。深入分析其原因后，笔者发现，大部分学生在基础教育阶段没有成功掌握元认知策略，即学生对自己整个学习过程的有效监视及控制的策略。他们在完成作业任务后不会及时总结反思过程中存在的问题，也不知道如何规划自身学习。于是，结合现有文献研究结果和写作评分标准，笔者所在教学团队设计编写了 Review Sheet，建议学生在完成写作后，从逻辑结构、细节内容、语言句法以及整体语篇等方面对已完成的文章进行自我评价和反思。他们勾选和填写每个条目的过程可以牵引带动学习者独立思考，发现并及时调整和修订文章中存在的问题。在提交写作作业时，学生需要附上一份自评后的 Review Sheet。学生自评的有效性会被纳入最终的写作成绩。这种方式不但可以鼓励学生自我反思与检查，也可以帮助学生学会自我监控和自主管理，逐步形成良好的写作习惯、提升学术写作质量。

此外，第二阶段的"学术英语读写"课程要求拔尖学生独立完成一篇学术报告。为此，在教学中启用了"电子档案袋"，以便学生对自己的写作过程进行实时监控和反思，有效规划写作流程，实时调整写作进度，明确掌握阶段性进展。档案袋中包括学术报告的初稿、带有标记的自我修改稿、同伴互评修改稿和师评修改稿、每一版学术报告的写作问题分析和修订计划等。"电子档案袋"的完成质量与期末评价紧密相关。

为达成目标五，拔尖学生除了需要不断深度思考，提升元认知策略，还要经历情绪考验。在不断的自我质疑与反思过程中，持续修正认知，强化自我把控力，调节情绪，冷静且辩证地分析问题原因，探索问题解决途径，蜕变成长。

## 3.3 聚焦"学术英语听说"课程教学目标

拔尖人才国际竞争力的表现之一是在自己的专业领域里具有较强的英语表达能力。课堂教学实践显示，多数拔尖学生的学术英语听说能力中，口头表达能力相对较弱，他们尚未掌握如何组织语言并遵循逻辑以高效完成口头表达，甚至存在不敢表达的问题。这些问题不仅影响其学术交流能力的提升，也可能制约其国际竞争力的发展。研究表明：通过持续语言输入和思维提升可以有效改善学生"不会表达"的问题[1]（Ostler, 1980）。考虑到拔尖人才的特殊学习需求和授课安排，"学术英语听说"课堂教学以学术听力输入为主，引导学习者对输入信息进行解构，通过搭建多元支架，为学生提供表达的机会；同时，布置"以听促说"的课外任务，在相对轻松自由的环境下，稳步提升其口语表达能力。

学术英语听力在广义上指听懂信息量大、与个人专业领域相关的英语口头表达，如专业授课、讲座报告、导师谈话、工作坊等（Lynch, 2011）；狭义的学术英语听力聚焦学术讲座听力，是高校里主要的英语学术活动之一（Buck, 2001）。研究表明，听懂外国专家的学术讲座是拔尖人才步入国际舞台的初始条件之一（蔡基刚，2012a，2012b；Al-Musalli, 2015）。因此，我校为拔尖人才所开设的"学术英语听说"课程将围绕英语学术讲座展开，培养学生听懂学术讲座并做笔记的能力以及基于笔记进行口头汇报的能力。

---

1 至于解决"不敢表达"这一问题则需要为学生提供表达的机会，创建相对真实的学术交流语境，循序渐进地帮助学生提升自我效能感，增强其表达需求和意愿。"浸泡式英语强化课程"将聚焦于此。

那么，听懂学术讲座具体需要哪些技能呢？这是课程目标界定时首先需要回答的问题。学界从听力微技能、学习者认知能力和语篇分析三个维度构建了学术听力能力的理论框架，旨在深入揭示学术听力的本质特征和内在机制。

首先，Richards（1983）和 Powers（1986）分别从学生和教师的角度提出了不同的听力微技能分类。前者从学习者视角出发，提出了 18 项学术听力微技能（见表 3.3）。

表 3.3　学术听力微技能（Richards, 1983）

| |
|---|
| 识别讲座领域和目的的能力 |
| 识别讲座主题和展开方式的能力 |
| 识别讲座中语篇意义单位功能（如：主旨、观点、细节、结论、假设、论据、举例、分析）的能力 |
| 识别讲座中语篇标识词（如：开场白、客套话、注意力提示词、视角转换提示词、讲座结构提示词）的能力 |
| 提取与主题相关关键词的能力 |
| 推测意义单位间关系（如：解释、阐述、例证分析、原因、结果、结论）的能力 |
| 运用上下文推测词语意义的能力 |
| 识别语篇衔接词的能力 |
| 根据语音语调（如：音量、重音、节奏）分辨语义结构的能力 |
| 判断讲座人对其主题的态度的能力 |
| 适应不同呈现方式的讲座（如：现场、视频、录音）的能力 |
| 听懂不同口音和语速的讲座的能力 |
| 适应不同风格的讲座（如：独白式、讨论式）的能力 |
| 适应不同体裁的讲座的能力 |
| 识别与讲座主题不相关信息的能力 |
| 辨别身体语言提示作用的能力 |
| 了解讲座约定俗成的规范（如：提问） |
| 适应演讲者用语的能力 |

Powers（1986）则从教师视角提出了九项学术听力微技能。包括：识别话题与主旨、识别主要观点、识别要点间的逻辑关系、理解关键词、按照提纲记笔记、从笔记里提取信息、推断信息之间关系、把握讲座脉络以及识别观点与论据等微技能。尽管以上两项研究在听力微技能的具体维度阐释上存在差异，但二者均强调了学术语篇结构与意义的建构能力在讲座听力理解中的核心地位。这与学术讲座语篇结构复杂、逻辑关系强、持续时间长等特点有关。学习者不仅需要具备对词和句的解码能力，更需要具备对句间逻辑关系、观点与事实、主要信息与支撑细节以及宏观语篇结构的梳理与分析能力。

其次，学界从语篇分析视角对英语学术讲座的语篇特征展开了深入研究，重点探索如何抓住讲座宏观结构和逻辑脉络，从而帮助学习者在大脑中形成学术讲座的心理表征（Flowerdew, 1994; Young, 1994; Thompson, 2003）。学术讲座通常具有特定的交际目的、相对固定的宏观语篇模式以及高度相似的微观语步结构特征。就交际目的而言，学术讲座通常以传递知识为主，通过系统化讲解向听众传播专业知识或研究成果。就宏观语篇模式而言，学术讲座有其常用的逻辑组织模式，例如"提出问题-分析问题-解决问题"模式、一般到特殊模式、历时发展模式、因果分析模式、理论到运用模式、个案研究模式等。就微观语步而言，讲座语篇具有明显的共性。例如：在开篇部分，演讲者通常会表明话题并概述讲座大纲；在讲座过程中，为降低听众的认知负荷、保持其注意力，演讲者会使用各种语篇标识手段（如词汇、语调等）引导学习者关注分析视角及其在讲座整体结构中的位置和重要性[1]。由此可见，掌握学术讲座的语篇特征有助于学习者精准获取讲座信息。

第三，学术讲座具有信息密度大、结构复杂、逻辑性强等特点，要求听者具备高强度的认知投入，因此，许多研究者从学习者认知能力的

---

[1] 在这些影响学术讲座心理表征形成的因素中，最重要且最受关注的是元话语标识词。元话语标识词频繁出现在演讲者对讲座篇章的宏观框架介绍、段间分析视角转换以及段内阐述发展方向三个语篇层次上，承担着标识具体内容、明晰讲座结构脉络以及介绍讲座安排等功能（Jung, 2003; Thompson, 2003）。

角度对学术英语听力理解过程进行了描述。例如：Munby（1978）指出，理解英语学术讲座内容需要两个层面的认知能力，即识别发言人语调与语篇提示词和筛选关键信息的能力。Sawaki et al.（2009）则认为对学术听力语篇的理解可以发生在三个认知层次上，包括：对字面信息的解码与理解、对语篇发展脉络与发言人意图的把握以及对关键信息之间隐含的逻辑关系的分析。Field（2013）的研究指出，听力理解可依据认知能力投入的质与量划分为语音解码、词汇音义匹配、句子语法分析以及意义和语篇构建等环节，并强调意义与语篇构建属于高级认知过程，是深层理解发生的关键。王海萍（2019）通过有声思维法探究学习者在作答学术讲座听力概要填空题时的认知过程，发现其学术听力理解呈现出由低级解码（如识别语音、识别具体信息等）向高级意义构建（如理解关键词、建立衔接、推断和识别关键信息之间的逻辑、概括关键信息等）发展的趋势。尽管上述研究对听力理解中所涉及的认知过程的解读不尽相同，但是都强调学术讲座听力任务要求学习者具备较高的认知能力。此外，研究还揭示，认知能力是微技能与语篇知识的深度融合：在低级认知过程中，学习者需要自下而上地对输入信息进行单位意义解码、识别、切分与理解；而在高级认知过程中，学习者则需要自上而下地运用话题背景和语篇知识对所听信息流进行筛选、评估、整合，从而快速实现对讲座内容的意义建构。

### 3.3.1 课程教学目标

拔尖人才"学术英语听说"课程旨在"以听促说"，帮助学生"能听会说"。基于上述理论探讨，并借鉴 Goh & Aryadooust（2015）的研究成果，笔者所在教学团队将"学术英语听说"课程中听懂学术讲座这一能力进行了系统整合、细化和匹配，以认知能力作为切入点，进一步梳理出学术讲座听力学习中需要习得的核心认知能力及其涵盖的子能力目标，为课程设计与教学实践提供了理论框架（见下表3.4）。

表 3.4 学术讲座听力中的认知能力及子能力目标

| 认知能力 | 子能力目标 |
| --- | --- |
| 语音感知 | 能识别单词里的各种辅音与元音 |
| | 能识别单词的强读和弱读 |
| | 能辨别连贯语句里的连读现象 |
| | 能辨别连贯语句里的重音现象 |
| | 能辨别连贯语句里的音调变化 |
| 意义构建 | 能根据标题预测语篇的主题和内容 |
| | 能根据开篇内容判断讲座话题 |
| | 能在开篇中识别讲座的提纲介绍（如有） |
| | 能识别讲座语篇框架 |
| | 能识别讲座语篇的常见逻辑组织模式 |
| | 能识别讲座的常用语篇标识词及其功能 |
| | 能辨别讲座中的主要观点和支撑细节 |
| | 能辨别讲座中论证观点的论据及其类型 |
| | 能辨别讲座中演讲者的观点与他人观点 |
| | 能识别演讲者对他人观点的分析与评论 |
| | 能理解主要观点之间的逻辑关系 |
| | 能理解讲座的主旨与目的 |

如上表所示，"学术英语听说"课程中学术讲座听力教学的核心目标是提升语音感知和意义建构两个层次的认知能力。其中，语音感知能力涵盖五项子能力，意义建构包括12项子能力。这17项子能力共同构成了拔尖学生"学术英语听说"课程中学术讲座听力的教学目标体系，为教学设计和能力培养提供了明确的指导框架。

### 3.3.2 具体操作示例

"学术英语听说"课程子能力："能识别讲座语篇框架"和"能识别讲座语篇的常见逻辑组织模式。"

笔者在课堂教学中发现：尽管学术讲座在拔尖学生的专业学习中越来越普遍，但是，鉴于讲座听力语速较快、词汇量庞大、话题覆盖面广，多数学生无法有效捕捉其中关键信息，也无法准确识别演讲者的语篇脉络。因此，在课堂中需要引导学生对讲座的语篇结构进行系统分析、对比与归纳，帮助他们掌握学术讲座的基本框架及常见的内容逻辑模式。这一方法旨在帮助学生在听讲座时快速把握讲座的整体框架与内容脉络，从而紧跟演讲者思路，理解讲座内容。基于学术讲座宏观结构、语篇标识词分类以及语篇结构知识，笔者所在团队归纳总结出"学术讲座语篇基本框架及关键要素图"（夏晓燕等，2019）（见图3.2）。

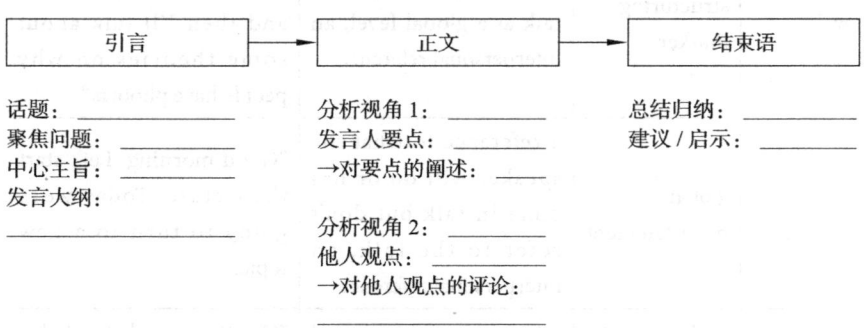

图 3.2　学术讲座语篇基本框架及关键要素

学生以图 3.2 作为学习支架，在听讲座的过程中，从讲座开篇引言、正文以及结束语三方面入手，自主梳理并填写其中的关键信息。随后，以小组为单位，学生共同讨论各自记录的信息内容，并在同伴支架的帮助下逐步掌握讲座基本概貌。为了进一步帮助拔尖学生准确定位讲座中的重要信息点并补全图 3.2 的框架内容，笔者在 Thompson（2003）研究的基础上，对其语篇标识词分类进行了归纳，使其更贴合教学实际需求（见表 3.5）。

表 3.5 语篇标识词分类（Thompson, 2003）

| Levels | Type of marker | Components | Instance |
| --- | --- | --- | --- |
| Global level | global content marker | a reference to content, interpersonal reference to the speaker and a time reference | "Today, I want to start the discussion by talking about a fairly common kind of psychological problem, a phobia, that P-H-O-B-I-A." |
| | global structuring marker | sequencing markers, reference to the topic/the talk at a global level, an interpersonal reference | "I want to start the discussion by... First, I'll explain what a phobia is, and then I'll talk about some theories on why people have phobias." |
| | global metastatement | a reference to what the speaker will do or has done in talk but don't refer to the talk, an interpersonal reference | "Good morning. Let's start the lecture. Today we're going to turn to a new topic." |
| Topical level | topic content marker | reference to the topic and an interpersonal reference | "One theory is that a phobia is learned." |
| | topic structuring marker | sequencing markers, reference to the topic at a paragraph level, an interpersonal reference | "Psychologists have come up with three characteristics of a phobia. Now first, ... Second, ... Third, ..." |
| | topic metastatement | a reference to what the speaker will DO or has done in talk but don't refer to the talk, an interpersonal reference | "Let's turn now to the causes of phobias." |
| Sub-topical level | sub-topic content markers | a reference to the sub-topic and an interpersonal reference | "People can also learn to have phobias by watching how other people react." |

（待续）

（续表）

| Levels | Type of marker | Components | Instance |
|---|---|---|---|
| Sub-topical level | sub-topic structuring level | sequencing markers, reference to the topic within a paragraph level, an interpersonal reference | "Third, the reaction is too strong for a person to control." |
| | sub-topic metastatement | a reference to what the speaker will do or has done in talk but don't refer to the talk, an interpersonal reference | "Let's take another example." |

在课堂教学过程中，拔尖学生借助图表支架和同伴支架的双重辅助，逐步熟练掌握学术讲座的语篇架构和语言使用特点。通过持续思考与合作，他们逐步提升了信息获取能力、批判思维能力和语言表达能力。

## 3.4 聚焦"浸泡式英语强化课程"课程教学目标

浸泡式英语教学模式以丰富的资源和空间为载体，通过一系列开放性活动，为学生营造体验英语、学习英语和使用英语的环境（Tedick et al., 1997）。在这种环境下，外语能力和学科水平的提升是相辅相成的，两者都是教学的根本目标（曲鑫等，2013）。浸泡式英语教学注重对学生外语实际运用能力的培养，具有以下三大特点：第一，沉浸。学生全部或大部分时间被"浸泡"在外语环境里，教师用外语教授语言和学科专业知识。学生的口语交际能力和跨文化交际能力是理解这些知识信息过程中产出的"伴随产品"。第二，临境。由于长时间"浸泡"于外语环境中，可以营造一种近似真实的外语学习氛围，强化学习者在"自然"语境下运用外语交流的意识。随着交流的频繁发生，学生的成就感、自信心、积极性以及学习效率也随之提升。第三，交互。浸泡式教学模式可以是全封闭或半封闭的教学模式，学生和老师之间的交流状态更加直接自由。学生可以及时反馈信息，老师也能快捷并有针对性地扫除学生学习障碍。

浸泡式教学模式通常分为双向浸泡（two-way immersion）和结构型浸泡（structured immersion）（常福良，2006）。双向浸泡是安排语言文化背景不同的学生一起学习和参与各种活动，在学习学科知识的同时获得双语能力。结构型浸泡即学科式双语教学，在学校开设的某些课程中使用学生的第二语言教学，在学习学科内容的同时习得该语言。

北京师范大学为拔尖人才所开设的"浸泡式英语强化课程"与结构型浸泡较为接近，学生需要集中在寒假小学期[1]内完成32学时的全英文课程。课程采用小班授课、十名外教合作教学的模式。外教可以根据自身的学术专长及学生特点，在课程大纲允许的范围内，灵活处理教学内容及教学进度；但是，始终不变的是本课程的教学目标：在真实交际语境中提升学生的学术口语能力。那么，何为学术口语能力？Bachman & Palmer（1996; 2010）认为口语能力包括语言运用能力、话语组织能力、表达的得体性及交际策略运用等，他们将语言能力和交际语境视为两个独立元素。Fulcher（2003）则认为口语能力应当包括语言能力（语音、准确度、流利度）、策略能力（成就策略、回避策略）、语篇知识、语用知识和社会语言学知识五个方面。相比之下，《指南》对口语能力进行了更为详尽的描述，具体如表3.6所示。

表3.6 《大学英语教学指南（2020版）》口语表达能力描述语

| 级别 | 口语表达能力描述语 |
| --- | --- |
| 基础目标 | 能就日常话题或熟悉的社会热点问题发表意见或与他人交流 |
| | 能对一般性事件和物品进行简单的叙述或描述 |
| | 经过准备后能就与自己专业相关的话题做简短发言 |
| | 能就日常生活、学习事宜进行简单的交流或协商 |
| | 语言表达结构比较清楚，语音、语调、语法等基本符合交际规范，有一定的层次和条理 |
| | 能运用基本的会话技巧 |

（待续）

---

1 "浸泡式英语强化课程"也被称为"冬令营"。

（续表）

| 级别 | 口语表达能力描述语 |
|---|---|
| 提高目标 | 能用英语就一般性话题进行比较流利的会话 |
| | 能就社会热点问题或专业领域内熟悉的话题与他人展开讨论 |
| | 能较好地表达个人意见、情感、观点等，对他人的发言、插话等做出恰当的反应和评论 |
| | 能陈述事实、理由和描述事件或物品等 |
| | 能就熟悉的观点、概念、理论等进行阐述、解释、比较、总结等 |
| | 语言组织结构清晰，语音、语调基本正确，语汇丰富，表达流畅 |
| 发展目标 | 能用英语较为流利、准确地就通用领域或专业领域里一些常见话题进行对话或讨论 |
| | 能用简练的语言概括篇幅较长、有一定语言难度的文本或讲话 |
| | 能在国际会议和专业交流中宣读论文并参加讨论，表达准确、清晰、连贯 |
| | 能参与商务谈判等活动，恰如其分地表达发言愿望并保持发言权；能恰当地运用口头表达和交流技巧 |

尽管一些专家建议在确定拔尖人才学术口语能力目标时可以参考《量表》五、六、七级的描述语（金艳、揭薇，2017），或者借鉴表 3.6 中的提高目标和发展目标，但二者均未聚焦于学术口语能力，对教学的指导作用有限。Richards et al. (1992) 建议从学习者角度出发，根据其对学术英语口语能力的需求展开调研，并依此确定教学目标。目前，国内涉及学术英语口语需求分析的实证研究仅有王华（2018）一项。王华（2018）认为学术口语能力这一构念包括交际有效性、语言运用能力、话语组织能力和社会语言能力四个维度。基于此，王华和金艳（2020：22）完善了学术口语能力的定义：学习者运用策略能力将语言知识和学术背景知识结合起来以完成学术口语交际任务的能力，其核心要素是语言知识、学术背景知识和策略能力。这一能力的具体描述参见表 3.7。

表 3.7　学术英语口语能力描述框架（王华、金艳，2020：23）

| 一级参数 | 二级参数 | 释义和举例 |
| --- | --- | --- |
| 语言知识 | 语法知识 | 词汇知识——词汇量、复杂性、精确度 |
| | | 形态学和句法学知识——多样性、复杂度、准确度 |
| | | 音系学知识——语音、语调、重音 |
| | 语篇知识 | 衔接知识——衔接手段和方式 |
| | | 会话组织知识——话语的结构和发展方式 |
| | 功能知识 | 表意功能知识（如表达思想、知识、感觉） |
| | | 操作功能知识（如工具性功能、监管功能、人际功能） |
| | 功能知识 | 启发功能知识（运用语言扩展知识，如教学、解决问题） |
| | | 想象功能知识（如诗歌、修辞手法、笑话或幽默表达） |
| | 社会语言知识 | 方言/变体知识（如发音、构词、句法、语义） |
| | | 语域知识（如语场、语旨、语式） |
| | | 惯用语表达知识（如结构、意义、使用方法） |
| | | 文化指称知识（如通用文化、学科文化） |
| 学术背景知识 | 语言使用次领域 | 人际交流、学术引导、学术专题 |
| | 体裁 | 记叙、描写、说明、议论 |
| | 交际目的 | 总结、警告、反驳等（根据语言交际功能） |
| | 交际媒介 | 个人独白、对话、小组讨论 |
| | 场景特点 | 时间—空间、参与者评价策略 |
| 策略能力 | 元认知策略 | 评价策略（评价交际场景、评价回答的正确性） |
| | | 确定目标策略（决定如何/是否回应） |
| | | 制定计划策略（决定调用哪些语言知识和背景知识） |
| | | 执行计划策略（可以回应时，使用交际策略） |

（待续）

（续表）

| 一级参数 | 二级参数 | 释义和举例 |
|---|---|---|
| 策略能力 | 交际策略 | 转述策略（如近似表达、造词、迂回/举例、引述） |
| | | 母语迁移策略（如从母语直译、语言转换） |
| | | 求助/澄清策略（如提问或询问、要求对方重述或解释） |
| | | 非语言策略（如手势、脸部表情、声音模仿） |
| | | 回避策略（如话题回避、内容回避、语言回避） |

可以看出，以提升学术口语能力为教学方向的"浸泡式英语强化课程"需要将知识（语言知识和学术背景知识）与能力（策略能力）相融合；同时，还应当关注口语交际过程中的情感态度表达是否恰切。

### 3.4.1 课程教学目标

"浸泡式英语强化课程"借助短期集训，为拔尖学生提供仿真沉浸式英语学习氛围——十位来自不同领域的外教开设各类专题讲座、工作坊和研讨会，并组织英语戏剧表演和英国议会式辩论等一系列体验活动。课堂中的沉浸式交流促进了拔尖学生跨文化交际能力和思维能力的发展，强化了他们的学术英语口语能力，同时在竞争与合作过程中增强了团队意识。

结合基础学科拔尖人才的背景需求和《学术英语口语能力描述框架》（见表3.7），笔者将"语言知识"和"学术背景知识"融合为"学术语境下的语言运用能力"，将"浸泡式英语强化课程"的教学目标界定为学术语境下的语言运用能力和口语表达策略能力，如表3.8所示。

表3.8 "浸泡式英语强化课程"教学目标

| 维度 | 教学目标 |
|---|---|
| 学术语境下的语言运用能力 | 能用自己的语言改编或续讲故事 |
| | 能借助说明书，清晰解释仪器或设备的操作方法 |

（待续）

（续表）

| 维度 | 教学目标 |
| --- | --- |
| 学术语境下的语言运用能力 | 能详细分析并评论文章或访谈内容，表达连贯，有条理 |
| | 能在正式会议或研讨会上简短地发表意见，解释观点 |
| | 能就与工作、校园生活或社区生活相关的话题即兴发言，表达连贯，逻辑性强 |
| | 能就社会热点话题发表意见、表明立场并给出充分理由 |
| | 能就升学、就业等人生选择问题，通过多角度分析，权衡利弊，进行有效劝说 |
| | 能对文学艺术作品，如影视、书画、小说等，进行简要评述 |
| | 能就学术或专业性话题充分、有条理地阐述自己的观点 |
| | 能在演讲中根据主题采用合适的论证方法，如统计、证明和举例等，进行有力论证 |
| 口语表达策略能力 | 能根据交际需要，使用恰当的非言语手段辅助表达 |
| | 能借助道具、数字媒体或可视化手段帮助听众更好地理解讲话内容 |
| | 能在口头表达中及时自我纠正动词时态的使用错误 |
| | 能在发言时判断自己的语言、语速或语调对听众的影响，并适时调整 |
| | 能在即兴演讲前根据主题清晰地整理思路和组织要点 |
| | 能在演讲时选择合适的方式来开场和总结，如引用名人名句、轶闻趣事等 |
| | 能在讨论中适时地概括讨论内容，使讨论不偏离主题 |
| | 能在表达遇到困难时，使用释义、举例、字面翻译等方法，迂回表明意思 |
| | 能在表达观点、劝说、辩论时，使用典型的演说模式，如介绍、论述和结论等 |
| | 能通过有效提问，核实说话人的意图和观点 |
| | 能通过提问确认对方是否理解自己的谈话内容 |

（待续）

(续表)

| 维度 | 教学目标 |
| --- | --- |
| 口语表达策略能力 | 能在长时间发言时通过重复、短时间停顿、拖腔等换得思考时间 |
| | 能在讨论专业话题时,回应他人的观点并客观评论 |

由教学目标可知,本课程淡化了有意识的外语学习行为,强调无意识的语言习得和应用。根据拔尖人才的动态语言水平,外教在授课过程中会对教学目标进行适当调整,切实助力学生学术英语口语能力的良性发展。

### 3.4.2 具体操作示例

"浸泡式英语强化课程"教学目标(口语表达策略能力):"能根据交际需要,使用恰当的非言语手段辅助表达"和"能借助道具、数字媒体或可视化手段帮助听众更好地理解讲话内容"。

为达成上述教学目标,外教采用翻转课堂模式,设计了"Small talk"模块。根据拔尖学生的学术发展需求,教师筛选了一系列与社会发展和科技学术相关的视频。学生在课前自学视频内容,记录其中具备有效沟通功能的非言语手段,如特殊手势、眼神或者辅助工具(如PPT)等。课堂中,教师组织学生分析讨论非言语手段的运用频率、出现时机和功能特征。随后,以小组为单位,观看"北京市大学生演讲比赛"获奖视频,观察并记录其中非言语手段运用的优缺点,并提出改进方案。课后,学生自选主题,录制一段2—3分钟的演讲视频,要求融入高质量的非言语手段。本课的最终成绩由四部分组成:课前自学记录、演讲成绩(教师评价+同伴评价)和反思日记。

加入同伴评价和反思日记的原因在于,一些学生的演讲过度使用非言语手段。因此,教师一方面通过同伴反馈,从听众的角度引导学生理解如何正确有效地使用非言语手段(如新型数字多媒体手段等),为学术演讲增色；另一方面，通过学生自我反思，及时了解他们是否已经成功掌握非言语手段在演讲中的功能特性。

## 3.5 小结

培养拔尖人才、产出一流成果、创建学科高峰、弘扬传统文化、加强国际交流，是高等教育的使命。其中，大学英语课程需要肩负的责任是培养拔尖人才的语言能力、创新能力、国际对话能力及其取得科研突破所必须具备的学术素养。

本章主要介绍了北京师范大学拔尖创新人才大学英语课程体系建设。该课程体系聚焦于培养学生的学术素养，由"2+1+X"模块组成，每个模块都有不同的侧重点和教学目标。其中"2"代表"学术英语读写"和"学术英语听说"课程，旨在夯实英语基础，为阅读学术材料和开展学术交流打下坚实基础；"1"代表"浸泡式英语强化课程"，旨在强化拔尖人才的学术英语口语能力，帮助他们在国际交流中能够有思想、有内涵且兼具科学性地阐释学术观点；"X"代表无限可能，通过搭建平台、开设各类课外活动，培养拔尖学生的思辨能力和创新能力，助力其成长为国家发展的中坚力量。

# 第四章　课程评价

教学离不开评价[1]，评价服务于教学。课程评价是教学的重要组成部分。它依据教学目标，对教学过程及结果进行价值判断，并为教学决策服务。具体而言，其核心目标在于确保课程目标的实现，并通过反馈机制促进学生的学业进步和教师的职业发展，提升人才培养的效率和质量（谈宏慧等，2021）。基础学科拔尖人才评价体系是保障人才脱颖而出的关键因素之一。传统的唯绩点、唯论文的评价模式已无法适应拔尖创新人才的培养需求，亟需构建以综合学术素养为核心的新型评价体系，以实现"以评促学"的目标。由于拔尖创新人才具有特殊的成长规律，其课程评价也应具有特殊性。结果评价、过程评价、综合评价、增值评价等主流评价理念都可以为我国拔尖创新人才评价提供借鉴（钟秉林等，2023）。金艳（2013：56）建议：从教学目标出发，拔尖人才的课程评价应"采用多样化的评价方法，改变以考代评现象，发挥评价的审核和发展功能"。这一观点为拔尖人才评价体系的改革提供了明确方向。

那么，首先要再次明确教学目标，即提升拔尖人才的学术素养。学术素养一直被认为是衡量拔尖人才学术水平的重要标准之一，更是展示其深厚知识储备和学术成就的重要窗口。评价拔尖人才的学术素养需要综合考察多个方面，既包括学生在学科知识上的造诣，也包括创造性思维、问题解决能力以及对学术研究的独立探索。如前所述，学术素养包括学生的学术能力和学术心智。其中，学术能力主要包括学术语言能力、学术思维能力和研学能力，这些要素可以通过科学且可量化的方式进行考查。学术心智主要包括拔尖人才的学术意识、学术倾向和学术品格。

---

[1] 在本研究中，之所以用"评价"取代"测试"，主要是因为评价蕴含更广的范围和更多样的手段。

若想通过客观评价手段准确掌握学生的学术心智，则需要设计可以激发学生展示其潜在素养的评价任务。

因此，为综合评价学生的学术素养，指导教学实施，全面而精准的评价手段必不可少。除采用传统测试（如选择题、填空题等）之外，还需适当融入表现性评价（如课堂展示、学术演讲等）以及量表（测量学生的自我效能感和对学术剽窃等方面的看法等）。本章将主要围绕"学术英语读写"和"学术英语听说"两门课程的评价展开讨论，并对"浸泡式英语强化课程"的评价内容进行简要评述[1]，主要关注课程评价的理论依据和实践内容。

## 4.1 "学术英语读写"课程评价

基础学科拔尖创新人才通常被视为更具天赋和更为成功的学习者。由于他们的学习需求和情感需求与普通学生存在一定差异，因此，针对这一群体的评价数量和质量均需谨慎考量（Caffrey et al., 2008; Sahragard & Heidari, 2014）。本节将围绕"学术英语读写"课程的课程评价展开讨论。

### 4.1.1 理论基础

拔尖学生的学术语言能力发展呈现动态变化的特点。为了适应并调节学生的学习过程，"学术英语读写"课程采用动态评价方式，将教学与评价紧密结合。通过提供互动性介入与引导，拓展学生的认知发展区域，促进学生学习潜能的充分发展（Vygotsky, 1978）。

Lantolf & Poehner（2004）指出，动态评价是一种在社会文化理论框架下，用于判断学习者独立解决问题与在干预下潜在能力之间差距的评价手段，这种差距即最近发展区。由于不同学习者的最近发展区存在差异，仅依靠静态测试无法完全了解学生的实际水平。即使静态评价结果相近的学习者，其学习潜能也可能存在显著差异。因此，通过有针对性

---

[1] 由于"浸泡式英语强化课程"的特殊性——外教主导、内容多元、课时集中且每学年课程设置动态变化，所以此处对该课程评价仅作简单论述。

的动态干预，不仅可以帮助学习者掌握解决问题所需的技能，还能量化他们的进步情况（韩宝成，2009）。研究表明，动态评价具有个性化特征，关注新技能的学习过程，并重视学生的潜能，是一种评估学习者在一段时间内个体行为认知发展变化的手段。动态评价的核心在于识别学习障碍（即发现最近发展区）、明确克服障碍所需努力（即挖掘学习潜能）以及提供克服这些障碍的支持（即中介支持）等（van Compernolle & Zhang, 2014）。动态评价的效度体现在任务完成过程中，学习者表现是否得到改善或产生积极影响（Poehner, 2011；刘淼、武尊民，2017）。

　　动态评价主要分为互动式和干预式两种（Lantolf & Poehner, 2004）。互动式动态评价通过对话模式，针对不同学习者，提供个性化且差异化的辅助。这种方式聚焦学习者个体发展差异，关注其细微的认知变化，任务设置的难度和辅助中介的频率与程度等都对结果产生影响。互动式动态评价强调教与学的统一（刘淼、武尊民，2017）。Hasson & Dodd（2014）运用互动式动态评价对三名11—12岁具有语言障碍儿童进行诊断干预，通过定性与定量数据分析，发现了治疗语言障碍的"句子结构动态评价"。干预式动态评价则严格按照事先设计的提示步骤进行，为学习者在最近发展区内提供循序渐进的教学干预。例如，张艳红（2010）提出，贯穿写作过程的动态评价应根据学习者需求和发展状况设计循序渐进的"支架式"教学介入形式，这种干预式动态评价体现了评价和教学的相辅相成、辩证统一。Sahragard & Heidari（2014）以伊朗拔尖学生为研究对象，运用干预式中介手段，证实干预程度与拔尖学生思辨能力发展之间有内在联系。随着动态评价研究与日俱增，在教学实践中，上述两种评价模式之间的界限逐渐模糊。研究者通过带有明确意图的中介干预与互动，实时对学习者的行为做出反应，帮助其积累经验、内化知识图式、丰富认知结构，从而解决具体问题并形成新的认知能力。例如，Davin（2013）以西班牙语二语课堂中17名美国青少年（年龄在10—12岁之间）为研究对象，结合干预式动态评价和口头互动指导（instructional conversation），在干预式中嵌入互动环节，优化评价方式，提升课堂教学效果。

总之，不同形式的评价反馈作用各不相同（金晓宏，2016）。"学术英语读写"课程基于动态评价理论，尝试采用多元评价手段，全面把握拔尖学生的阶段性学习成果，并通过有效干预提升其学术素养。

### 4.1.2 课程评价

为拔尖人才打造的"学术英语读写"课程将过程性评价和终结性评价相融合，全程跟踪学习者的动态变化，及时调整并实施干预措施。其中，终结性评价用于评估教学活动的最终效果，通常以期末笔试形式进行；过程性评价则旨在反映学习过程中的动态变化，是一种发展性的评价方式。过程性评价所关注的非预期性结果是实施教学的重要依据。表 4.1 总结了"学术英语读写"课程的过程性评价内容。

表 4.1 "学术英语读写"课程过程性评价[1]（第一学期）

| 评价任务 | 比例 | 评价形式 | 评价目标 | 评价维度 | 评价主体 |
| --- | --- | --- | --- | --- | --- |
| 词汇表制作 | 15% | 小组合作 | 阅读指定文章并整理、归纳所学词汇及其扩展知识 | 选词标准（如词频）、词汇信息、合作态度等 | 教师/学生 |
| 课堂演示 | 15% | 小组合作 | 口头展示对于阅读语篇的综合理解与分析；关注学生语篇解析能力和概括提炼能力 | 内容框架（是否呈现语篇作者背景、文化背景、内容理解、篇章结构等）、语言表达、词汇语法、课件制作等 | 教师/学生 |
| 文本转述 | 10% | 独立完成 | 运用不同策略完成文本转述（如同义词替换、改写句子结构等）；强调在写作中如何避免抄袭 | 转述文本的语言和意义、转述策略运用、学术品格 | 教师 |

（待续）

---

[1] "学术英语读写"课程总成绩 = 平时成绩 ×0.7+ 期末成绩 ×0.3。

（续表）

| 评价任务 | 比例 | 评价形式 | 评价目标 | 评价维度 | 评价主体 |
|---|---|---|---|---|---|
| 议论文写作 | 30% | 独立完成 | 根据写作题目，查找、阅读和分析相关英语文献，明确个人观点和论据，撰写语篇逻辑清晰的议论文 | 论据搜索和筛选、运用论据论证观点、语篇逻辑、学术写作规范（初稿+机评修改稿+同伴互评+会谈反馈修改稿） | 教师/学生/机器 |
| 期中考试 | 30% | 独立完成 | 考查学生综合读写能力 | 词汇语法、语篇逻辑、文本翻译、撰文写作等 | 教师 |

注：表中所提及的"同伴互评"，请参见附录一。

由表 4.1 可知，针对拔尖人才开展的过程性评价涵盖了学术英语语言知识、技能、策略以及学术品格等多个维度。评价形式包括个人独立完成和小组合作完成两种方式，并将评价主体从单一的教师评价拓展为教师、学生和机器多主体模式，鼓励学生关注自身能力发展，积极反思和调整学习过程。此外，通过引入数字技术（如 iWrite 英语写作评阅系统）进行机器评阅，显著减轻了教师工作负担，提高了评阅质量和反馈的时效性。

### 4.1.3　课程评价实践

本小节将以表 4.1 中议论文写作任务为例，展示如何在"拔尖人才班"开展会谈式反馈评价[1]。

会谈式反馈是教师和学生之间围绕学生写作内容或者写作过程开展的面对面交流。教师可以借助会谈式反馈了解学生写作的思维过程和语言困难（Sperling, 1991）。学生在整个反馈过程中会不断对输入信息进行加工内化，与教师进行深度探讨；会谈结束时，教师可以让学生归纳总结会谈要点，检测学生对反馈信息的掌握程度（Bayraktar, 2012; Davis et al.,

---

1　本研究内容已发表于《外语教育研究前沿》2021 年第 4 期，42-48 页。

2010; Erlam et al., 2013）。在形式上，会谈式反馈可以是多人会谈，也可以是单独会谈（张英等，2000）。会谈式反馈是一种基于支架教学的反馈形式，为学习者搭建了理解、吸收知识的概念框架。根据 Vygotsky（1978）的最近发展区理论，通过建立"支架"，学习者可以沿着"支架"攀升，完成对复杂意义的建构与加工。这种反馈形式具有即时性和互动性特点。即时性是指学生可以在与教师面对面交流的过程中，及时根据自己的问题提出质疑并获取反馈；互动性则强调在反馈过程中教师与学生进行实时交流，及时准确地表达彼此的思想与情感。

会谈式反馈主要有三点优势：（1）通过建立交互机制，创造轻松自然的语言环境，激发自然的语言学习；（2）帮助学生关联、内化所获取的信息，高效率地发现并纠正写作中的错误，深化内在图式知识，构建合理知识体系；（3）鼓励学生参与、主动思考，启发学生反思，厘清目标、需求和问题，降低学生的写作焦虑，提升其写作自我效能感（Copland, 2012; Maliborska & You, 2016; Yeh, 2016; 张英等，2000）。早期会谈式反馈的研究显示：教师在会谈式反馈中会有意识地引导学生关注"高级关注点"（high order concerns），如文章的篇章结构、思路发展、逻辑连贯等（Park, 2012; 金晓宏，2016; 张英等，2000），从根本上提升写作质量。

教学实践显示，拔尖人才学术英语写作中仍存在一些问题。为了进一步明确问题的症结所在，教师随机选取了"拔尖人才班"中的 58 名学生进行了学术议论文写作测试。通过分析学生习作，教师发现，尽管学生高考英语成绩较高（平均分 141.8 分 /150 分，94%），但学术英语写作能力普遍较为薄弱（平均分 20.9 分 /30 分，66%），与教师对拔尖学生写作水平的期望值存在一定差距。针对这一问题，课程团队通过问卷调查的方式统计出成绩不理想的主要原因[1]：（1）通常参考模板成文，很少花时间构思文章；（2）对学术写作了解不足，没有掌握逻辑连贯性的含义；（3）不能完全理解教师的书面反馈，缺乏与教师面对面讨论的机会；（4）对学术英语写作缺乏信心、自我效能感较低。鉴于此，课程团队尝

---

[1] 问卷主要针对学生过往的英语写作学习经历。

试采用会谈式反馈作为干预手段,探索提升拔尖学生的学术英语写作能力和写作自我效能感的有效途径。

#### 4.1.3.1 整体行动方案

基于拔尖学生的实际写作困难和对前人相关研究的整理与分析,笔者计划改变被普遍采用的书面反馈模式,尝试在教学中引入会谈式反馈,通过提供个性化写作指导,构建平等的师生互动模式;同时,运用行动研究验证这种反馈模式能否达到帮助拔尖学生通过完成写作任务不断提高思维能力和写作水平及增强自我效能感的目的。

整体行动研究共三轮,历时一学期(从第2周到第16周)。受试[1]在第2周填写写作自我效能感问卷并提交一篇命题议论文,这两组数据作为受试的前测成绩。第16周,全体受试再次填写自我效能感问卷并重新撰写前测的命题议论文,该数据作为后测成绩。行动研究从第3周开始,每一轮实施时间为期四周:第一轮第3—7周(第一轮进行五周的原因是期间有一周法定假期),第二轮第8—11周,第三轮第12—15周。每一轮包括四个环节:(1)实施行动研究;(2)收集数据并分析评价效果;(3)反思行动结果并归纳问题;(4)改进方法并拟定下一轮行动研究计划。其中,实施行动研究的步骤如下:

图4.1 实施行动研究的步骤

每一轮写作任务所用议论文话题均选自课程团队所建测试题库。话题由一位教授、四位副教授和两位讲师共同讨论设计完成。其中,五位教师均获得语言学和教育学博士学位。所选话题[2]在经过前导性研究测量后P值大于0.05,说明四组题目无显著难易差别,且其可靠性指数为0.856。

---

1 受试为参与前期"问题确认"的58名"拔尖人才班"学生。
2 四个话题均来自北京师范大学公共外语教研部试题库。

研究过程中的每一稿作文都依据 TOEFL 的评分标准 [1]，由两位写作教师进行评判 [2]，最终成绩取两位教师的平均分。两位评分者的 Cronbach's alpha 可靠性指数为 0.93。

为测试学习者的写作自我效能感，每一轮结束时，教师对受试进行问卷调查。该问卷主要基于李航（2014），并参考 Wang et al.（2014）和 Raoofi & Maroofi（2017）的问卷，对部分条目进行重新编排，以符合中国外语学习者撰写议论文的情况。修订后的量表由 18 项组成，涵盖英语写作技能效能感和写作任务效能感，要求学生对其完成各种写作任务的自信程度进行评分（百分制）。修订版的问卷 Cronbach's alpha 可靠性指数为 0.722。

每轮行动研究结束后，受试还需要填写一份会谈反馈问卷，并选取 8 名受试进行半结构性访谈，访谈问题参考 Hawkins（2016）。为使反馈过程充实、客观，会谈具体操作参照 Erlam et al.（2013）。反馈主要围绕受试在写作过程中遇到的问题以及文章本身存在的问题，由一名从事三年写作教学的外籍教师 [3] 与学生互动讨论完成。外教需要定期撰写会谈日志。每位受试的会谈时长约 15—20 分钟，并录音备案。

#### 4.1.3.2 评价效果行动研究

**第一轮行动研究**

*设计与实施*

"学术英语读写"课程每两周一次。第一轮行动研究从第 3 周开始。除学术写作知识讲授和训练外，每位受试需按要求完成教师布置的议论文写作任务，得到一个初始分数。第 4 周，外籍教师根据每位受试的写作内容和评分，与他们进行一对一会谈反馈。受试根据会谈内容修改并提交文章后，外教根据修改情况于第 7 周再次进行会谈。会谈结束后，受试需要提交终稿，并获得修改分数。全部受试的两次反馈录音共约 30

---

1 分值按比例换算为 30 分制。如果两位评分者分差超过三分，则由第三位教师介入评分。
2 一位具有硕士学位的外籍教师（会谈指导教师）和一位语言学博士。
3 本研究得到学院支持，外教指导工作计入课时量。本研究使用外教指导反馈，主要基于两方面考量：（1）避开研究者，保证研究客观性；（2）对外教反馈过程的录音可以为中国教师提供反馈范本。

小时。同时，他们还需要提交问卷，完成访谈。外教也需要提交会谈日志。

分析与反思

第一轮研究结果表明，尽管受试的两次写作成绩有一定进步，平均分略有上升，但是变化并不显著（$M_{原}$=22.24，$M_{修}$=22.55，P=0.083>0.05）。同时，两次会谈反馈没有让受试的自我效能感发生显著变化（$M_{前}$=79.59，$M_1$=79.76，P=0.060>0.05）[1]，说明学生在学术写作方面的信心与课程初期相似，仍然较为薄弱。鉴于此，笔者进一步分析了受试的反馈问卷，发现问题主要集中在以下三方面：（1）由于没有事先做好参与讨论的准备，受试基本没有提出有意义的问题（82.8%）；（2）没有真正理解会谈反馈的目的，整个过程由外教主导（77.6%）；（3）对于反馈中不理解或者听不懂的教师话语没有提出沟通需求，模糊了事（72.4%）。在访谈中，受试们也表示出内心的担忧：

"感觉我在练听力，经常不知道外教说的是什么……而且也插不上话，我以为我就是来听听老师说说我的问题。"

——受试 No. 41

"我想跟外教表达我的意思，可是词不达意，他理解错误，我也不好意思打断他。"

——受试 No. 32

"外教说的感觉都对，可是我完全跟不上他的思路和节奏，会谈完还是一脸蒙，让我非常挫败。"

——受试 No. 28

在回听会谈反馈时，课程团队发现确实存在学生陈述的情况。例如从下面会谈反馈片段中可以看出学生没有能够充分表达自身的想法，主要由外教主导完成反馈。

---

1 受试在完成前测后即投入行动研究，因此，课程团队采用受试的自我效能感前测结果为其自我效能感的初始值。同理，受试在完成最后一轮行动研究后的自我效能感测试结果则被视为其后测结果。

T: This paragraph looks better. You have a topic sentence, some reasons, details. How did you connect them together?

S124: I used "first, in addition... and others."

T: It's too much like listing. Using some kind of reference, substitution and even "contextual signs" would be great.

S124: ... sorry... I... have no idea...

T: OK, I put it in this way. You need to identify the relation between each sentence and how the sentence works in the whole paragraph. What's the function? A pronoun, like "it," may help you connect the sentences and make the whole paragraph coherent. Also, some of the contextual information may help. I marked some of the cohesive device in this sample paragraph.

S124: Oh, so I need to clarify the relation of the sentences first...?

T: Actually, too many linking words break the paragraph into fragments. It's like lots of patches...

（T-S124，会谈片段）

对此，外教在反思日志中提出了一些自己的看法。首先，外教认为部分学生能理解会谈内容，但也有一些学生比较迷茫；因此他建议学生对会谈的关键内容进行记录。其次，外教表示和学生交流让他非常兴奋，其主导时间为75%—80%左右，他表示以后会谈中会给学生更多的表达机会。

笔者对上述调查结果进行了反思和总结。尽管受试的写作成绩和自我效能感变化不具备统计学意义，但是整体均值都处于稳步上升状态。至于变化不明显的主要原因，一方面是，学生们没有做好充分会谈准备，再加上他们语言能力有限，因此在一定程度上缺乏与外教平等沟通的勇气和自信；而外教在会谈中没有及时观察和掌握学生的情感变化，没有注重引导学生分享，导致学生在反馈过程中处于被动。另一方面，笔者发现外教对一些较为抽象的概念如逻辑关联和恰当举例等问题，缺乏详细说明，学生也并未深入追问，而是盲目附和。因此，大部分学生无法有效内化教师所传递的重要信息。

**第二轮行动干预**

*改进与实施*

基于第一轮行动研究结果，课程团队制定了如下调整方案。首先，要求参与会谈的学生事先阅读自己撰写的文章，提出修改问题清单，会谈结束后上交清单并勾选出已解决的问题。其次，外教在会谈中适当调整语速，观察学生反应，选择时机将话语权转让给学生，鼓励他们主动分享，降低其沟通焦虑。第三，外教在会谈中可根据情况融入实例说明，并鼓励学生归纳会谈内容。经过上述调整，第二轮会谈反馈开始。第8周，教师布置新的写作任务。第9周，外教与学生进行面谈。学生修改文章后，于第11周完成第二次会谈，并提交终稿。由于学生更为积极地参与，此轮会谈录音全长约33.4小时。

*分析与反思*

第二轮行动研究结果显示，受试的自我效能感有较为明显的提升（$M_1=79.76$，$M_2=82.29$，$P<0.001$），同时两次反馈后的作文成绩变化也具有统计意义（$M_{原}=22.93$，$M_{修}=24.16$，$P<0.001$）。受试在访谈中也提及第二轮会谈中的一些改变：

"这次会谈有备而来，我把我想问的都问了，最后看了下我的清单，问题基本都解决了。"

——受试 No. 19

"开始我还是不好意思打断外教，但是他每讲一个（知识）点都会问我是否能跟上，不懂的还给我写下来或者举例说明。"

——受试 No. 48

"我基本能跟上他（外教）的思路，我刚刚回看了下我的笔记，大概知道应该怎么修改我的文章了。"

——受试 No. 57

上述访谈内容与问卷调查结果一致。问卷中，仅有 31.0% 的受试表示他们没有主动参与会谈讨论，20.7% 的受试表示会谈仍由外教主导，其余受试均表示他们在会谈中积极提问，仔细记录外教的建议。学生们普遍认为现在写议论文比以前"有底气"（75.9%）了。针对会谈反馈的建议，69.0% 的学生希望增加反馈时间；43.1% 的学生希望外教提供一份修改明细以供修改作文过程中自行参考校对。

外教在会谈日志中描述了学生参与互动的事例，认为会谈已变为正向刺激，学生的积极交流有利于形成有逻辑、有个性的思考模式。然而，外教也对反馈模式表现出一定的焦虑。每轮会谈反馈的整体工作量巨大，除去反馈前的准备时间，仅是每天的反馈时长就达 3.3 小时。部分学生学习热情高涨，最长一次会谈时长为 28 分钟。长时间的工作致使外教疲惫，反馈质量有所下降（如外教在劳累时语速明显加快）。

上述调查结果显示，学生对于第二轮会谈的参与度明显提升（外教主导会谈的比例从上一轮的 77.6% 降为 20.7%），而且可以根据需求提出建设性问题（没有主动提问题的比例也从 82.8% 降为 31.0%），双方互动明显加强。对于听不懂的内容，学生也会请外教加以阐明（仅有 6 名学生表示他们对于模糊问题没有追问）。更重要的是，学生们的写作自我效能感增强，写作积极性和自信心也随之提升。

从外教的反馈中笔者意识到：若希望长期提供会谈反馈，需要对其形式进行调整。尽管会谈反馈已经计入教师工作量，但长时间的反馈工作会导致教师疲惫，影响会谈质量。鉴于此，课程团队结合会谈录音和前期文献，提出一位教师对一组学生的会谈反馈模式。根据粗略计算，受试的会谈内容涵盖了一半以上的共性问题。例如，外教对于"文章论证过程不够充实、细节描述与观点没有密切关联"这一问题共重复讲解 49 次；而受试缺乏语篇衔接问题几乎成为所有会谈的核心内容。因此，小组会谈反馈有利于提升效率，减少重复工作，但这种模式对于保证每名学生的反馈效果具有挑战性，需要反复研究分组形式，以期在会谈过程中"照顾"到每位参与者。

**第三轮行动干预**

*改进与实施*

第三轮行动研究方案修订如下。行动流程与前两轮基本一致，即教师布置写作任务，学生根据两次会谈反馈信息进行文章修改并提交终稿。此次反馈形式为小组会谈模式。外教事先根据学生写作中存在的问题进行分类，并把问题类型较为相近的学生分在一组。分组时也参考学生的语言表现能力，尽量做到"同组同质"。最终，58名学生分为12组，前11组每组五人，最后一组三人（教师将三位性格较为内向的学生单独分在最后一组），并指定组长在反馈前收集、整理组员的写作问题，集中反馈。外教为每组学生准备了修改明细，并附举例说明，方便学生在修改过程中自行查漏补缺。小组反馈时间为每组40—45分钟，两次反馈的整体录音时长为16.8小时。本轮行动研究结束后，除问卷和日志数据外，每小组派一名学生参与半结构性访谈。此外，第16周，受试完成了写作自我效能感和议论文写作后测（与前测同题）。

*分析与反思*

第三轮行动研究的纵向数据显示，学生的自我效能感较上一轮有显著提升（$M_2$=82.29，$M_3$=87.24，P<0.001），同时，两次反馈后学生的作文成绩也有明显提高（$M_原$=23.60，$M_修$=24.95，P<0.001）。为确认会谈反馈的有效性，笔者运用重复测量方法对比两组受试的前后测成绩发现，会谈干预对于受试的成绩有较为明显的正向影响（F=23.620，P<0.001）；同样，这种干预手段也使受试前后测之间的自我效能感产生了显著变化（F=154.448，P<0.001）。可见，小组形式的会谈反馈对于学生的学术写作水平和思维心智都有较为明显的正向作用。

分析第三轮行动研究数据后，课程团队发现，尽管教师反馈时间缩短了近一半，但是效果良好。80%左右的学生表示在会谈中会积极提问、主动交流。在访谈中，受试No.17强调了这一点："大家一起和外教讨论时更加放松，而且可以互补不足，有的问题自己漏掉了，其他组员会及时提出……小组成员还会分工记录笔记"。还有学生表示：与同学和老师一起讨论反而让自己更加有表现的欲望，自信心飙升；即使是第12组

（性格偏内向组）的学生也认为能够按照自己的节奏与外教沟通，而外教也会用提问的方式检查他们的理解效果。此外，所有学生都认为教师的修改明细非常实用，但为防止遗漏外教分享的重点内容，希望可以录音留存反馈内容。与此同时，外教在日志中不但肯定了小组反馈的高效率和活跃的团队氛围，还提出希望尝试"同组异质"的分组模式，以期让学生逐渐成为会谈的主角。

综合上述三轮行动研究结果，笔者认为开展有效会谈需要注意以下几点：一、教师需要通过学情分析和了解不同阶段学生在写作知识和技能等方面的需求。二、教师需要在会谈前做好充分准备，梳理学生写作中存在的主要问题。三、教师应根据学生在反馈过程中的表现随时调整反馈模式。四、教师应鼓励学生展示自身问题，表达真实思想。

### 4.1.4 启示

本次教学实践主要探索如何有效通过会谈反馈提升拔尖学生的学术英语写作能力和自我效能感。经过三轮行动研究，初步得到以下结论：提升写作能力需要循序渐进，提高知识运用的熟练程度，促使语言知识向语言应用能力持续转化。可以从学生学习特点和需求出发，采用系统、有计划的小组会谈反馈模式，在提升语言质量的同时，加强其认知思维与情感交互能力，从而全面优化其外语写作综合能力。

本次实践邀请外教采取会谈反馈模式对学生的学术写作进行反馈，但这一反馈方式同样可以由中国教师实施，并且适用于其他学生群体的通用英语写作教学。正如于海琴等（2016）所述，拔尖人才的选拔并非以英语成绩为唯一依据，学生同样存在英语语言水平参差不齐的问题；同时，会谈式反馈的目的在于帮助学生提高写作能力而非口语交流能力，因此反馈完全可以由中国教师实施完成。基于本次实践结果，课程团队尝试提出以下建议：

第一，确定工作语言。教师在反馈前的教学过程中应仔细观察学生性格特点，评估其语言使用能力，确定会谈反馈的工作语言，以达到最理想的沟通效果。教师可以以提升参与者对写作知识和内容的理解、减少焦虑情绪为目的，在沟通时灵活使用汉语或英语，甚至可以双语切换使用。

第二，选择反馈组织形式。会谈式反馈可以是"单人反馈"，也可以是"小组反馈"。"单人反馈"针对性强，但耗时长，且学生缺少同伴情感支撑。因此，教师应根据学生人数及学生具体情况选择反馈的组织形式，比如可以采用由单人到多人的渐进式或单人与多人的混合式。如果采用"小组反馈"，教师需要根据学习目标和学生背景选择不同分组模式，如"同组同质"或"同组异质"。

第三，准备反馈内容。有学者指出，学能较弱的学生会期待教师在会谈反馈时多关注语用细节而非篇章结构（如：Phillips & Larson, 2013），因此，教师需要根据学生的作文水平、写作能力、个体需求充分准备反馈内容，根据具体情况随时调整反馈方案。例如，对学能较弱的学生可更多提供描述性反馈，助其形成语篇概念，构建语用知识；对学能较强的学生给予说明性反馈或间接提示，提升其对写作逻辑的把握能力。

第四，改变教学思路。会谈式反馈旨在帮助学生"在游泳中学会游泳"，但是会谈式反馈存在耗时长且工作量难以计算等问题。因此，教师应该尝试改变教学思路，借鉴"翻转课堂"的理念，把反馈纳入教学计划中，即将英语写作方法和语言使用的教学放在课外，由学生结合教师视频与教材，单独或以小组为单位共同学习完成，减少以班级为单位、以教师为主体的讲授时间，将课堂时间留给反馈。

## 4.2 "学术英语听说"课程评价

如前所述，课程评价是教学活动的必要环节，对实现课程目标至关重要，它不仅是教师了解教学效果、优化教学设计、保障教学质量的重要途径，也是学生了解学习成效、调整学习策略、提高学习效率的有效方法。与"学术英语读写"课程一致，"学术英语听说"课程评价同样采用过程性评价和终结性评价相结合的方式。

### 4.2.1 理论基础

过程性评价是由美国评价专家 Scriven 在 1967 年的一次课程改革论坛中首次提出的，后来由美国教育学家布鲁姆引入教育实践领域（转引自张娜，2009）。布鲁姆将过程性评价定义为："在教学过程中为了获得有关教学的反馈信息，改进教学，使学习者对所学知识达到掌握程度所进行的系统性评价，即为了促进学习者掌握尚未掌握的内容进行的评价。"（转引自马江涛、马广惠，2018：106）这种评价有助于学习者达到既成教学目标（杨华、文秋芳，2013）。

过程性评价具有三大特点。首先，过程性评价关注教和学的有效性（Black & William，1998）。它不仅关注学生在测试中所取得的成绩，还关注他们在学习过程中的表现以及所反映出的情感、态度与学习策略。其次，过程性评价是以过程为取向的（Buck & Trauth-Nare, 2009），强调对教学过程的观察、记录和反思，并依据收集的信息做出以促进发展为目的的评价，旨在以评促学。最后，过程性评价强调评价主体的多元性，主张在教学中运用学生自评和同伴互评，激发学生的自主学习能力，培养他们的合作学习能力（陈炼，2005）。

过程性评价重新定义了教师与学生之间的关系，即协商与合作关系。Shepard（2000）建议：在教学前，教师应向学生明确阐释学习目标和评价目标，并与学生共同讨论确定评价内容和评价标准；在教学过程中，教师需及时向学生反馈其在达成目标时取得的成绩与存在的问题，为学生提供调整学习方法、改进学习策略、完善学习任务的机会；同时，教师应根据学生对学习任务的实际掌握情况，灵活调整教学内容和教学节奏。对学生而言，在过程性评价中，不再是被动接受评价，而是主动参与评价任务和评价标准的制定，及时了解自己的学习情况，在师评、自评、同伴互评中获取内在发展动机，培养自主学习能力。

为了实现对教学活动的跟踪、检测和反馈，过程性评价需要借助多样化测评手段。然而，测评手段本身并不能保证达成"促学"目标。Frey &

Fisher（2011）提出了确保过程性评价有效性需要关注的五大核心要素：师生共建的学习目标和评价标准、学生的元认知能力、学生的自我评估能力、教师课堂提问策略和学生投入以及反馈的作用。李清华（2013）也归纳了十项在实践过程性评价时需要遵循的原则。其中，明晰学习目标、共商评价标准、提高元认知能力和反思能力、提供及时且具体有效的反馈这五大原则与 Frey & Fisher（2011）提出的五个核心元素不谋而合。从本质上讲，过程性评价是缩小学习者当前水平和目标水平之间差距的反馈循环，是"确定学习目标—获取学习证据—给予必要反馈—改进学习表现"的动态过程（张建琴，2013；徐鹰、章雅青，2020）。

### 4.2.2　课程评价

为准确判断学习成效，"学术英语听说"课程采用了注重学习过程的过程性评价（Buck & Trauth-Nare, 2009）与强调甄别功能的终结性评价相结合的评价方式。其中，过程性评价占课程总成绩的70%，终结性评价占30%。过程性评价占比较高主要基于以下两方面考量：一是充分关注学生的学习过程，多渠道收集学习证据，并及时提供多方位反馈，逐步帮助学生提升学术英语听说能力，实现课程的显性目标；二是旨在培养学生持续学习、随时反思、不断突破认知边界、完善自我的终生学习理念，实现课程的隐性目标。

确保课程目标达成需要将目标任务化（文秋芳、毕争，2023）。各项评价任务的设计与实施旨在收集与分析学习者在学习过程中的学习证据（文秋芳，2011），帮助师生及时了解教学目标是否达成，并为教学调整提供依据。"学术英语听说"课程总目标是提高学生的学术英语听说素养，使其未来能在国际舞台上顺畅地进行学术交流，获取学科前沿信息并传播中国学术声音[1]。基于这一目标，课程团队设计了一系列过程性评价任务，具体见表4.2。

---

1　子目标见第三章表3.4。

表 4.2 "学术英语听说"课程过程性评价（第一学期）

| 评价任务 | 比例 | 评价形式 | 评价目标 | 评价维度 | 评价主体 |
|---|---|---|---|---|---|
| 听写 | 10% | 独立完成 | 掌握核心单词（发音、拼写等）；句子结构和语义理解；英语语音语调识别；提升注意力 | 拼写、语法、语音、理解、书写速度 | 学生/教师 |
| 讲座大纲填空 | 20% | 独立完成 | 理解讲座内容；把握讲座逻辑结构；理解语篇连贯手法；准确填写关键词汇与短语 | 拼写、语法、语音、理解、书写速度 | 学生/教师 |
| 听讲座记笔记，列大纲 | 30% | 小组合作 | 识别理解讲座主题；识别和理解主要观点和核心内容、逻辑脉络、支撑细节；区分观点和事实；边听边记笔记；概括讲座主旨和要点 | 主要内容和细节概括、语篇逻辑与连贯、词汇与语法 | 教师 |
| 小组汇报发言 | 40% | 小组合作 | 收集分析相关信息；依据主题谋篇布局（问题解决式、观点论述式、说明阐述式等）；根据话题提出恰切问题；阐释论证观点；小组协商与合作 | 主要内容、结构与语言表达、说理论证、信息搜索 | 学生/教师 |

由上表可见，评价任务的挑选及编排遵循由易到难的原则，体现了学习的连贯性和递进性（文秋芳、毕争，2023）。任务内容覆盖课前（听写任务关注学生语言知识的积累及课前的自主学习效果）、课中（讲座听力填空和听讲座记笔记任务，聚焦学生在课堂内听讲座识别、理解与记录信息的技能）和课后（小组汇报发言展示需要学生利用课外时间收集和分析材料、撰写文稿并反复练习口头展示）三个阶段。本课程同样采

用多元评价主体,既包括教师评价,也包括学生自评和同伴互评;既有个体独立反馈,也有小组集体反馈。这种方式有助于师生共同掌握学习节奏,激发学生学习积极性与主动性,助力其提升自主学习能力。

### 4.2.3 课程评价实践

在具体教学环节中,为了确保单元进度和教学节奏与拔尖学生的能力目标同频,通常采用过程性评价关注学生学习过程,实践"以评促学"理念。如前所述,过程性评价的核心特征包括目标先行、关注过程和师生参与。"目标先行"指的是教师制定科学的教学目标,并与学生在目标理解方面达成共识。"关注过程"指的是评价需要覆盖课堂内外的学习活动。"师生参与"指的是评价主体的多元化,从教师主导的评价过渡到教师引领、学生和同伴主动参与的多主体评价。基于这三个主要特征,借鉴文秋芳(2011)的过程性评价理论框架(见图 4.2),"学术英语听说"课程的过程性评价主要包括确定目标、收集数据和给予反馈三个环节。

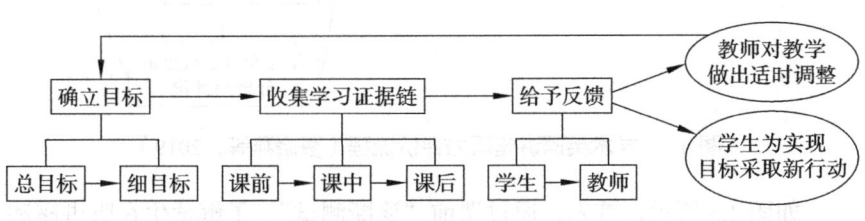

图 4.2 过程性评价理论框架(文秋芳,2011: 43)

下面将围绕这三个环节详细阐述评价过程。

#### 4.2.3.1 确定教学目标

如前所述,本课程聚焦提升拔尖人才听懂学术英语讲座并有效记笔记的能力。然而,对于部分学生而言,"听懂学术英语讲座并记笔记"这一能力目标较为抽象,如何"听懂学术讲座"和如何"记笔记",成为教学中的重点和难点。在上一章中,表 3.4 从语音感知和意义建构两个维度,系统梳理了学术讲座听力所涉及的认知能力及子能力目标,为教学提供了明确的指导框架。基于此,课程团队设计了相关评价任务,实时监控学生的学习过程,帮助教师了解学生动态需求和能力变化,及时调整教学,助力学生成长。具体操作流程参照夏晓燕等(2019:70)设计的讲座听力评价流程(见图4.3)。

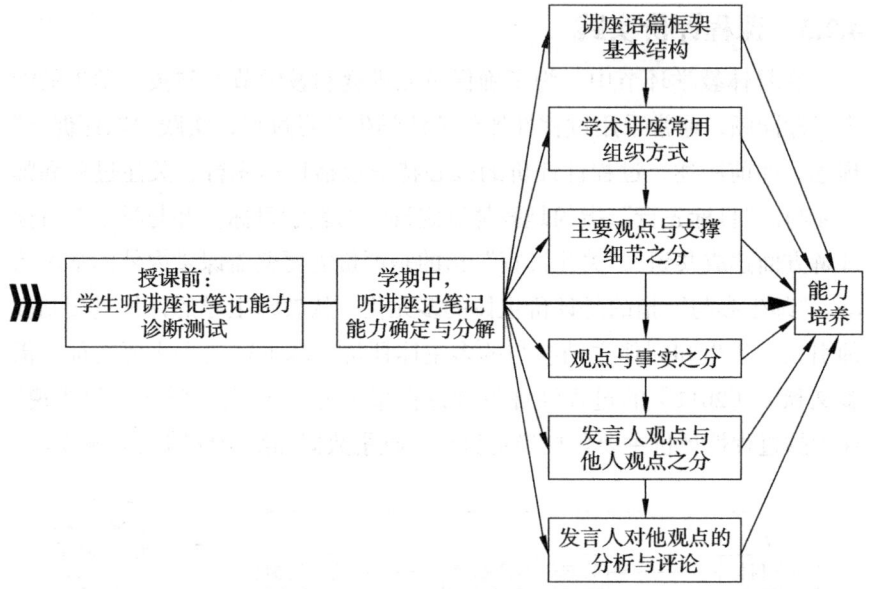

图 4.3　学术英语讲座听力评价流程(夏晓燕等,2019)

如图 4.3 所示,首先,通过课前"诊断测试",了解学生在听讲座和记笔记方面的基本能力水平。其次,遵循"先宏观框架、后微观结构"以及由易到难的组织原则,教师与学生在课上相互协作、共同监督,合作完成各项既定的评价任务。在任务完成过程中,重点关注学生的实际表现和师生参与的"质与量"(文秋芳,2011)。

#### 4.2.3.2　收集学习证据

本节将以表 3.4 中"能识别讲座语篇框架"这一子目标为例,详细说明评价流程、师生分工和学习证据的收集与分析。

课前布置了两项任务。第一,学生自学讲座中的核心词汇和文化背景知识。任课教师提供核心词汇和背景知识,鼓励学生自主查找、收集和补充相关内容。学生需独立完成词汇和文化知识学习,激活已有知识图式。第二，根据已知信息预测讲座主题、主要内容和具体细节，推测讲座大纲。例如，基于讲座标题进行主题预测，借助多元渠道收集与辨析相关信息，围绕讲座可能涉及的视角预测大纲。这两项任务旨在培养学生预测讲座内容的习惯，督促其自主积累前期知识、拓宽视野，并创造"用中学"的机会。课前，学生需要通过邮件提交预测结果，以便教师及时了解学生的准备情况并提供针对性指导。

课中的学习证据收集涉及以下三个方面。第一，讲座核心词汇听写。通过听写检测学生课前预习效果，成绩纳入课程评价。第二，讲座脉络梳理。教师播放两遍学术讲座视频，学生听讲座并记录关键信息。随后，教师组织学生四人一组讨论各自记录的讲座信息，并与课前预测进行对比，总结反思讲座预测策略。然后，教师组织学生基于讲座体裁特征，梳理讲座"开启话题-展开讨论-结束点题"的行文脉络，并深入讨论讲座的核心信息及其逻辑关系。第三，讲座大纲框架图撰写及汇报。各组结合讨论结果和脉络梳理，分析整合出讲座框架结构图。组间交换框架图进行对比反馈，优化本组框架图。最后，由值日小组汇报讲座框架，教师组织全班进行点评。

课后学习证据主要有两个来源：书面反思与课程问卷。讲座学习结束后，学生需要撰写反思，内容包括学习收获、尚存不足和未来学习目标。撰写反思的工作语言不限。课程问卷要求学生对其学习效果进行自我评估，并提出教学改进建议。反思与问卷旨在帮助学生加深对学习内容的理解以及对自身学习情况的认知，同时，为教师优化课堂教学提供实践依据。

#### 4.2.3.3 提供反馈数据

为学生提供具体且及时的反馈是过程性评价的特点。本课程的反馈形式包括：书面反馈（师生、生生）和口头反馈（师生、生生）。书面反馈主要涉及课上听写（教师反馈）、讲座关键信息提炼[1]（教师反馈）及小组

---

1 课后，学生需要提交一份听讲座记录的关键信息笔记，由教师给予书面反馈。当讲座内容过长时，教师会提供部分讲座大纲框架（缺少一些关键信息）；学生根据自己记录的笔记，补全大纲中缺少的关键信息，提交教师反馈。

学术讲座框架图（同伴反馈、教师反馈）[1]。口头反馈主要针对小组汇报任务。教师和同伴围绕小组汇报内容，从优点和不足两方面进行口头反馈。

以上是基于过程性评价关键特征构建的"学术英语听说"评价模式。明确的课程目标是确保课程实施有效性的首要条件；依据课程目标，设计覆盖课内外的学习任务，调动拔尖学生积极参与课前、课中和课后的学习与评价，是课程有效性的主体保障；课后反思和问卷确保师生对当前学习情况的持续监控，是课程有效性的有力保障。

## 4.3 "浸泡式英语强化课程"课程评价

如前所述，"浸泡式英语强化课程"属于结构型浸泡式课程——通过创造无意识的语言学习条件，使学生在相对真实的情境中使用并自然地提升英语水平。本课程旨在强化语言的交际性能和工具作用，提升拔尖学生的语言表达能力、交际策略和语境意识。因此，本课程评价更加注重评估学习者在接近真实情境中的语言运用能力。

### 4.3.1 理论基础

由于"浸泡式英语强化课程"的教学目标是通过短期集中授课，为拔尖学生营造沉浸式语言学习环境，增强他们的语言学习兴趣，并为其英语口语能力提升指明方向。因此，本课程采用诊断性评价。诊断性评价属于低利害或无利害评价，可以降低学生压力且具有强大的后效作用，帮助学生发现潜在问题，进而通过积极干预和指导促进后续学习（汤欣，2012）。Linn & Gronlund（1995: 15）指出："诊断性评价的目的是确定顽固性学习问题的症结所在，从而规划弥补行动"。除了具有较强的指导和参考作用外，诊断性评价的灵活性和信息量大也是其优势。诊断性评价可以根据评价目标和对象的特点，灵活调整覆盖范围、评价手段、检测工具和考察内容，而且考察范围广泛，涵盖学习者的语言技能、学习策略、心理特征等多个方面。

---

[1] 课上，小组交换讲座大纲框架图互评，并进行标记和反馈。课后，各小组需要提交最终版的讲座大纲框架图，由教师给予书面反馈。

本课程实施的诊断性评价为"课程后总结性诊断"（杜金榜，1999）——通过模拟真实情景，建构特定互动场域，设计具有实际意义的交际任务，让学生通过沟通探寻解决问题的方法；同时，通过丰富的任务要求，鼓励学生系统自查英语语言表达方面的缺陷，及时调整语言交际和元认知策略，积极采取补救措施，全面提升互动沟通能力。

### 4.3.2 课程评价实践

与前面两门课程不同，"浸泡式英语强化课程"的评价相对灵活。这是因为每年教授本课程的外籍教师团队呈动态变化，且这些外籍教师各自擅长的专业领域各不相同。因此，随着教学内容的不断调整，与之相匹配的评价方式也会随之变化，唯一不变的是本课程的整体评价结构。

本课程评价由平时成绩和终期考核两部分组成。其中，平时成绩来自十位外籍教师主导的十个模块的教学。每个模块平时成绩为10分（样本参见附录二），共计100分。同时，学生还需聆听两个与学科知识相关的英语讲座，完成打卡任务。此任务不单独计分，但若未按期完成，将扣除平时成绩，缺席一次扣5分。本课程的终期考核（"课程后总结性诊断"）旨在帮助拔尖学生了解自身学习效果、发现存在问题。考核内容为情境式辩论。拔尖学生将根据背景话题自主组队、制定策略，并通过抽签选择对手。学习者需要通过小组合作，运用所学知识、技能与策略赢得辩论比赛。终期考核总分为100分，具体评价标准参见附录三[1]。本课程的最终成绩将按照平时成绩占比60%和终期考核成绩占比40%进行整体核算。

## 4.4 小结

习近平总书记在党的二十大报告中强调，要"完善学校管理和教育评价体系"，在全国教育大会上同时强调，要"扭转不科学的教育评价导

---

[1] 附录三中样本为2021年"浸泡式英语强化课程"终极考核。该考核内容在后续教学中曾被当作课堂教学案例。

向,从根本上解决教育评价指挥棒问题"。可见,在拔尖创新人才培养过程中,课程评价是重要环节。通过对拔尖学生的长期动态观察和监测,掌握他们的学习成效,边评价边教学,不断调整教学内容和教学方式,在评价过程中拉近师生距离,以便更好地了解学习者需求,有针对性地帮助其稳步提升学术素养。无论采用何种评价方式,其根本目的都是对教学活动进行科学诊断,发现学生学习过程中存在的问题,为师生提供真实的反馈信息,确保英语教与学始终处于良性发展状态。

  本章从拔尖学生的特点和发展需求出发,结合现有评价理论和研究成果,逐步探索切实可行的教学评价方式,并且尝试将"目标为本"与"过程为本"的评价方式相融合,在掌握学生学习状态和效果的同时,提升其学习热情,使其获得更大的成就感。

# 第五章　教学材料

随着教育技术的广泛应用，教学材料的传统定义受到了挑战。Harwood（2010: 3）认为语言学习范畴内的教学材料泛指所有形式的文字内容（纸质、音频、视频）和语言学习任务，也包括从教师讲义到世界各国的教科书等一系列内容。Tomlinson（2011: 2）则将其定义扩展至"教师或学习者用来提升语言学习的一切事物"，并列举了视频、电子邮件、食品包装以及教师的教学指导等诸多例子。祁颖等（2014）从功能的角度出发，强调教学材料应当为学习者提供学习素材和学习方法，为教师提供教学依据和教学理念，是课程教学的重要构成要素和实现教学目标的重要工具。这与Richards（2006）的观点一致。他认为，教学材料为学习者提供目标语样例，指导他们操练语言、体验语言使用，是教学内容的主要载体，是课程教学目标的具体体现，是链接教与学的纽带，也是教师教什么、怎么教，学生学什么、怎么学的重要依据。可见，教学材料在课堂的生态链中发挥着重要作用（贾蕃，2017）。基于此，Ellis（1997）从学生视角出发，提出选择外语教学材料的具体细则。Graves（2019）也建议开发和选择外语教学材料应当结合语言习得理论、外语教学特点以及特定的人文社会环境。就本研究而言，基础学科拔尖创新人才需要具备良好的学术素养，能够在国际学术舞台上自信地表达观点、传播研究成果，与各国学者进行有效交流与合作。因此，外语教学材料的选择与开发必须与这一群体的培养目标和发展需求高度契合。

首先，教学材料的选择要具备深度和广度。拔尖人才通常需要接触国际前沿的专业学术知识，这意味着恰当的外语教材需要涵盖多学科学术内容，提供广泛且有深度的学术英语素材。其次，教学材料除了提供基本的语言知识与技能外，还应当融入真实的学术语篇，建构仿真学术交流场景，培养拔尖人才的学术思维能力、学术表达能力以及创新能力等综合素养，帮助其更好地适应学术交流和科研工作。再次，教学材料应兼顾学生的个性化学习需求。拔尖人才通常具有不同的学科背景和研究兴趣，教学材料多样化有利于他们自主选择合适的内容开展学习。教学材料多样化既包括多模态的呈现方式，也强调内容的覆盖面广，突出英语的实用性、学术性和人文性，充分反映国内外先进教学思想和理念，促进拔尖人才的综合素质提升和学术成长（曲鑫等，2013）。

本章将围绕"学术英语读写"和"学术英语听说"两门课程，阐释教学材料的选择依据，并加以举例说明。考虑到单一教材无法切实满足拔尖创新人才的学术素养提升需求（Tomlinson, 2012），本章所提及的教学材料并非某本教材，而是经过教学团队筛选或改编后实际运用于教学活动中的具体材料，包括以文字形式呈现的材料（如已出版的教材和教师补充的文本）、图片、音频、视频等。

## 5.1 "学术英语读写"课程教学材料

作为教学实施的重要媒介，教学材料应当充分发挥教与学之间的桥梁作用，具备"可学性"和"可理解性"的双重特征，切实起到支撑学习的作用（王胜利，2021）。尽管我国大学英语教学材料呈现百花齐放的局面，但是针对基础学科拔尖创新人才培养需求、聚焦提升学习者学术读写素养的专门化教学材料仍显不足。基于"以写促读"的教学原则，参考 McGraw Hill Education 出版的教材 *College Writing Skills with Readings* (3rd Ed.)，"学术英语读写"课程的核心教学材料由课程团队根据写作体裁特征和难易程度，经过充分讨论和科学改编确定。本节将重点从教学材料的选取依据及示范内容两方面具体阐述。

### 5.1.1 选取依据

学界针对教学材料选取问题展开了多维度讨论，形成了具有指导意义的原则体系。Tomlinson（2003）从语言教材开发视角，提出了七项基本原则：相关性、真实性、适恰性、以学生为中心、多样性、时效性和易得性。立足转型时期大学英语视角，蔡基刚（2011）强调：新时期教学改革教材应依托内容，发展学术英语能力，并遵循实用性、主题化、内容型、任务型、能力导向、立体化与多样性等原则。文秋芳（2022）从教材评估维度出发，提出教学材料选取应注意思想性（即对学生的价值观、人生观、世界观产生积极影响）和有效性（即切实提升学生外语能力）。尽管学者们的关注视角各有侧重，但在以真实性为基础、以实用性为导向、以能力达成为目标的核心理念上达成了共识。

近年来，教材编写者与使用者越来越关注教学材料所承载的教学理念与方法论（王胜利、赵勇，2006；蔡基刚，2011；何琼、张荔，2022；文秋芳，2022）。外语教学材料的重要功能在于以更有效的方式呈现核心语言知识和技能。因此，教师在分析、挑选和运用教学材料时，不但要明确语言教学目标，更要深入理解材料所体现的语言观、语言学习观和语言教学观，并将这些理念系统贯彻到教学材料的编排整合、课堂实施以及教学评估等环节中（Nesi & Gardner, 2006; 2012）。

就如何通过教学材料的选择与使用实现育人目标这一问题，文秋芳（2015）基于"产出导向法[1]"，从教材使用者角度构建了教学材料使用与评价的理论框架（见图 5.1）。

---

[1] "产出导向法"包含三个核心理念：学习中心说、学用一体化和全人教育说。"学习中心说"重新定位了学习、学生和教师的关系，强调学习是中心、学生是主体、教师是主导。"学用一体化"主张输入性学习（即听和读）和产出性运用（即说、写、译）紧密结合，强调以用带学、边用边学。"全人教育说"倡导人文性目标与工具性目标的融合，注重人文元素在教学中的隐性渗透。"产出导向法"主张学习的有效性是一切教学活动的宗旨，致力于将惰性知识转化为运用语言做事的能力，旨在提高学生的语言运用能力、思辨能力和自主学习能力，与拔尖人才培养目标高度契合。

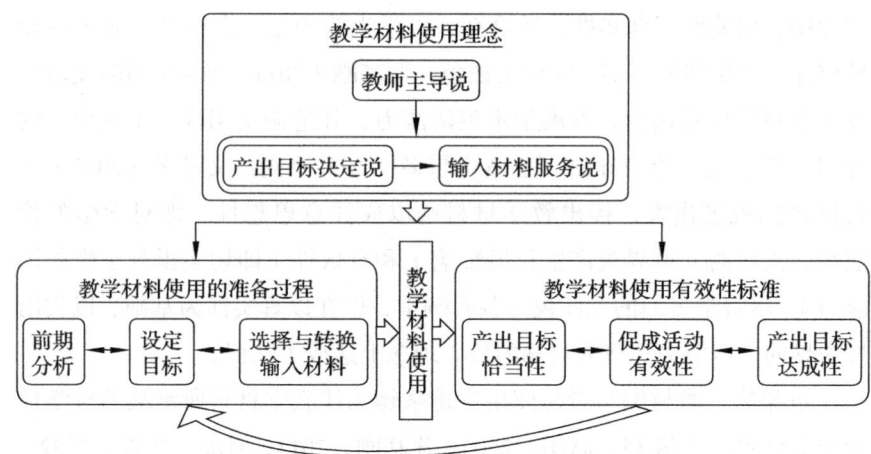

图 5.1 "产出导向法"教学材料使用与评价理论框架（文秋芳，2017：20）

根据图 5.1 所示，"产出导向法"教学材料使用与评价理论框架由四个核心部分构成：教学材料的使用理念、教学材料使用的准备过程、教学材料的使用以及教学材料使用有效性标准四部分。其中，教学材料的使用理念是依据和统帅，包含"教师主导说""产出目标决定说"和"输入材料服务说"三个子概念，回答了教学材料选择过程中的"谁来挑选""基于什么来挑选"和"为什么这么挑选"三个问题，强调教学材料的产出"指向性"（常小玲，2017：365）。教学材料使用的准备过程是理念指导下的具体挑选步骤，回答了"如何挑选"这一问题，突出了教学材料的"选择性"特征。就教学材料使用有效性而言，文秋芳提出了三个标准：产出目标恰当性、促成活动有效性和产出目标达成性。这些标准不仅回答了"挑选的材料怎么样"这一问题，体现了教学材料的"应用性"特征，还强调了产出目标的主导性与教学材料的从属性，逆转了输入到输出的常规教学顺序（常小玲，2017：365）。具体而言，这三个标准构成了一个完整的教学循环："起点是产出目标的确定，终点是产出目标的实现，促成活动有效性是产出目标达成的保证"（文秋芳，2017：21）。这意味着，产出目标的恰当性越高，促成活动的有效性就越高，最终的达成几率也就越高，反之亦然。

为了系统评估教学材料使用的有效性，文秋芳（2017：22）从教师与学生双重视角构建了具体的衡量指标（见图 5.2）。

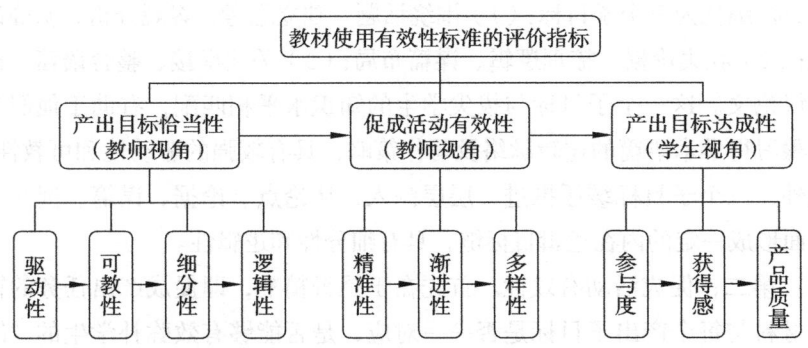

图 5.2　教学材料使用有效性标准的评价指标（文秋芳，2017：22）

在评估目标的恰当性时，主要从以下四个维度进行考量：驱动性（即具有适度挑战性、激发学生学习意愿且具备强吸引力）、可教性（即与学生外语语言水平、教学时长匹配度高，可以在课堂教学时间内完成目标教学任务）、细分性（即支撑不同层次的教学目标）和逻辑性（即不同层次目标间具有逻辑关联）。就促成活动有效性评估而言，需要重点考察三个关键指标：精准性（即输入材料与目标之间的匹配度高）、渐进性（即输入材料之间具有递进逻辑性）和多样性（即输入材料形式丰富多样）。至于产出目标的达成性评估，则从学生视角出发，采用参与度、获得感和产品质量三个标准进行衡量。"参与度"指学生上课时的主观意愿和配合程度；"获得感"侧重学生对学习收获的主观感知；而"产品质量"则强调对学生产出成果的客观评价（文秋芳，2017）。

## 5.1.2　材料示例

本节以"学术英语读写"课程产出目标——"议论文写作"能力培养为例，参照图 5.2 的评价指标，从以下三方面讨论教学材料使用有效性。

第一，产出目标恰当性。产出目标是教学材料选取的依据，是教学材料的服务对象，也是教学效果评价的标准来源（文秋芳，2017）。在选取与使用材料的过程中，应当以产出目标为方向，选择为实现目标服务的输入材料,将输入材料转换成由低到高的系列促成活动,沿途搭建支架,帮助学生沿阶而上,逐步实现既定目标。在实践过程中,教师将产出目标细化为三个子目标:(1)围绕话题,独立思考、客观分析、明确论点;(2)收集论据、梳理逻辑、谋篇布局;(3)关注衔接、整合语篇、撰写议论文。这三个子目标与拔尖学生的知识水平相匹配,有助于他们分步骤习得学术语篇的逻辑脉络及写作策略,具有较强的驱动性和可教性。此外,三个子目标缓缓推进,层层深入,从论点、论据、谋篇、撰文等方面形成一定的内在逻辑目标链,具有细分性和逻辑性。

第二,促成活动有效性。首先在于是否精准,即促成产出任务的输入材料与每个产出子目标是否一一对应,是否能够有效弥补学生的"缺口"(Charles & Pecorari, 2016)。例如:子目标一"围绕话题,独立思考、客观分析、明确论点"中,话题的选择非常重要。所选话题应符合拔尖学生的学习背景与学术发展需求,覆盖学业生活、社会发展、人文历史、科技学术以及道德法律等方面[1]。其次,"渐进性"强调通过系统设计输入材料,构建循序渐进的促成活动序列,为学生搭建支架,引导其逐步完成各种产出任务。最后,"多样性"主要体现在教学材料和活动的多元化(文秋芳,2017)。通过多模态的教学资源和各种活动组织形式,有效帮助学生提高材料分析能力和信息判断能力等。以"大学图书馆应当购入电子书还是纸质书"这一话题为例。教师围绕话题筛选了来自网络和期刊上的原版文章、新闻报道和视频讲座等资源。教学材料的编排由易到难,先短篇后长篇,先文本后视听(见附录四)。

第三,产出目标达成性。为了客观呈现学生评价,课程团队阅读了历届"拔尖人才班"学生对本课程的匿名评教结果(参见附录五)。可以看出,学生对于"学术英语读写"课程的整体评价(5分)明显高于全校课程评教的平均分(4.92分)。拔尖学生在课程评价中写道:在读写课堂中"互动多""收获大""选题有意思""乐意参与课内讨论"等等。授课教师也表示:学生在围绕教学材料展开讨论时,表现得非常积极踊跃,

---

[1] 具体话题包括但不限于:大学图书馆应当购入电子书还是纸质书、人口老龄化对社会带来的影响、中西文化沟通互鉴的影响、前沿科技如何做到从0到1、当代青年对于《民法典》的认知等等。

能够有效将其中的知识内容内化并迁移到写作输出中，有效提升了写作质量。

综上所述，在"产出导向法"的指导下，结合"学术英语读写"课程的产出目标，以终为始，选取具有较高驱动性的教学材料，刺激拔尖学生的学习欲望；同时，通过设计兼具精准性、渐进性和多样性的促成活动，有效帮助拔尖学生抓住学习重点，增强他们的逻辑思辨能力、篇章布局意识和学术语言表达能力。

## 5.2 "学术英语听说"课程教学材料

教学材料为学习者提供目标语样例和学习素材，指导他们操练语言、体验语言使用，鼓励他们探究语言，是开展教学的基础和依据，是课程目标的重要载体（Tomlinson, 2012；常远，2018）。教学材料的质量直接影响教学质量与效果。研究显示，课堂教学信息的 98% 来自于教学材料，学生作业时间的 90% 也与教学材料相关（王胜利、赵勇，2006）。教学材料不仅为学习者提供学习方法，也为教师提供教学依据和导向（祁颖等，2014）。教学内容的选取、呈现顺序、练习活动设计等，无一不体现在教学材料之中。

蔡基刚（2012a）曾提出：学术英语教材内容要真实，以便学生更快适应真实的学术英语世界。然而，市场上针对基础学科拔尖创新人才学术英语听说能力的教材非常有限——已出版的视听类教材未能覆盖拔尖人才所涉及的多学科领域知识，在某种程度上束缚了他们的学习空间。鉴于此，"学术英语听说"课程的教学材料在参考已出版的视听说教材和真实语料的基础上，由课程教学团队根据拔尖学生的需求和可持续的发展目标进行改编和动态调整，力求实现在教学材料、教学方法、教学目标、学习者特征以及教师教学风格等要素之间的最佳适配性（Tomlinson, 2012, 2016；常远，2018）。

### 5.2.1 选取依据

文秋芳（2017）从操作层面系统阐述了教学材料使用的四个关键步

骤——选、调、改、增。"选"是从现有资源中甄别并筛选出合适的教学材料；"调"指重新安排现有材料的顺序；"改"指修改和优化现有材料；"增"指教师根据实际教学需求自主补充新的教学材料。值得注意的是，在选材过程中，教师应注重融合真实[1]的教学材料，以期为学习者提供更具意义的语言输入。此处的"真实"是相对的，并非局限于文本或任务的真实性，而是强调学习者与教学材料的互动性，即在学习过程中创造性地使用教学材料，并有效整合可获得的教学资源（范祖承，2019）。由此可见：教师的主观能动性对教学材料的选择和使用发挥着至关重要的作用。

与"学术英语读写"课程类似，"学术英语听说"课程教学材料的选取同样基于"产出导向法"教学材料使用与评价理论框架（见图5.1），该框架从使用者的角度，阐释了教学材料使用的理念，梳理了教学材料选用的流程，界定了教学材料使用有效性的评价标准。其核心主张在于，教学材料的选择和使用始于"产出"、终于"产出"，强调教学材料与产出目标之间的服务与被服务关系（文秋芳，2017）。这一理论框架不仅为教师提供了明确的选材依据，还帮助教师摆脱了"过度依赖教材"和"完全脱离教材"两种窘境，实现了教学材料使用的平衡和优化。

"学术英语听说"课程的产出目标之一是：学生能够围绕主题，立场鲜明地表达个人观点，完成三分钟口头汇报。下面将以本课程中"科技与生活"主题中"社交媒体对人们生活的影响"这一话题为例，展示在教学材料准备过程中，如何围绕产出目标完成教学材料的选择与转换。

### 5.2.2 材料示例

本节从"产出导向法"的"输出驱动"与"输入促成"环节入手，阐释如何挑选和转换教学材料。

"输出驱动"环节的核心是设计具有潜在交际价值的任务、激发学生的学习积极性（文秋芳，2015）。基于这一原则，教学材料也需要具有

---

[1] 对于一个学习者而言是真实的，对于另一个学习者而言可能不是。

交际价值且能激发学生积极性。具有交际价值的教学材料需要还原真实生活中的语言使用；激发学生学习积极性的教学材料需要与学生学习和生活紧密相关。鉴于此，笔者所在教学团队以我校拔尖学生参加的"海外游学项目"终期汇报为背景，要求学生围绕"社交媒体对人们生活的影响"这一话题进行口头汇报。为引出话题，教师选取了 BBC 采访视频 *Why people are choosing to quit social media*。该视频展示了不同职业的年轻人对社交媒体的态度与评价。视频长约 5 分钟，语速适中（约 130 字 / 分），配有英文字幕，便于学生快速掌握其主旨内容，刺激他们的产出积极性，符合输出驱动环节的需求。

"输入促成"环节是体现教师主导地位和课堂教学价值的重要环节。为了降低产出任务的难度，产出任务被分解为三个子任务[1]，逐一选择恰当的教学输入材料，并设计转换为系列促成活动、搭建多元化支架。下面以子任务二"分析社交媒体给人们生活带来的影响"为例，依据文秋芳（2017）提出的"促成活动有效性"的三个衡量指标，即精准性、渐进性和多样性，阐释教学材料的挑选及促成活动的转换依据。

第一，精准性。针对学生在输入驱动中显现的产出困难[2]，即内容贫乏、词汇有限、段落结构不清楚，教学团队挑选了两种教学材料：一篇阅读材料和一个视频材料。阅读材料是一篇发表在电子报刊 *Blueprint Newspaper* 上的文章 "Social Media: A Blessing or a Curse?"[3]（见附录六）。该文章呼吁人们随时保持警醒，科学运用社交媒体，充分发挥其长处，规避其负面影响。视频素材 "Is Social Media Hurting Your Mental Health?"[4]

---

1 （1）描述人们在生活中使用社交媒体的真实场景；（2）分析社交媒体给人们生活带来的影响；（3）提出合理使用社交媒体的建议。
2 学生在输出驱动中尝试完成产出任务。在此过程中，教师发现存在以下问题：在内容方面，针对社交媒体的影响缺乏案例积累，分析问题维度较单一；在语言方面，与话题相关的语言知识不足；在语篇结构方面，段落展开不充分，且层次逻辑不够清晰。
3 文章主要论述了社交媒体犹如一张真实的网，人们享受着这张网提供的种种便利，虽身隔万里却能亲密交流；同时，文章也描述了人们不得不承受这张网带来的问题和压力，如虚假信息传播等。
4 Parnell 基于人类的真实体验，例如害怕错过朋友圈信息、强迫点开微信上角的红色角标等，提出质疑：俨然成为生活重要组成部分的社交媒体究竟对人们的心理健康有何影响？

（文本见附录七）是加拿大社交媒体专家 Bailey Parnell 在 TEDx 发表的演讲。Parnell 详细分析了来自社交媒体的五大压力源，并就如何营造积极的社交体验提出了四点建议，呼吁人们清晰地把握社交媒体的双刃剑属性，科学地探索其正向价值，逐渐成为社交媒体的掌控者。这两个教学材料从内容、语言和语篇方面为学习者提供了支架。在挑选以上教学材料时，课程教学团队还借鉴了蔡基刚（2011）提出的教材编写理念，综合考虑了语篇内容的思想性、体裁多样性、语篇结构的清晰度以及视频的语速等维度。

第二，渐进性。渐进性指标主要衡量教师如何围绕产出任务及所选教学材料，阶梯性地设计系列促成活动。这一指标关注促成活动之间的逻辑关系以及教师在学生完成系列活动时提供的支架力度变化。

第三，多样性。多样性指标强调教学材料和产出活动的多模态化。基于选定的教学材料，教学团队设计了一系列符合渐进性和多样性原则的促成活动。具体内容见表 5.1。

表 5.1 促成环节系列活动设计

| 促成环节系列活动 | 认知加工难度递增 | 教师提供的支架力度递减 |
| --- | --- | --- |
| 活动一：报刊文章阅读理解（选择题） | 理解文章语言与内容细节 | 语篇文本、教师引导、小组讨论 |
| 活动二：报刊文章阅读理解（简答题） | 思考谋篇布局与写作手法 | 语篇文本、小组讨论 |
| 活动三：听讲座填写大纲结构图 | 理解讲座大纲和细节 | 视频、大纲结构图 |
| 活动四：复述讲座主要内容 | 口头阐释讲座主旨和细节 | 大纲结构图、笔记 |

如表 5.1 所示，遵循渐进性和多样性原则设计的促成环节系列活动共四个。活动一和活动二均为阅读理解（选择题和简答题）。教师围绕"Social Media: A Blessing or a Curse?"设计问题（包括：文章主旨、作者观点、主要论据、内容细节等），组织学生阅读文章并标记相关信息点，最终经

过小组讨论，找出答案。这两个活动聚焦语篇中的语言使用与内容细节。活动三是听讲座填写大纲结构图。学生观看两遍讲座视频，记录关键信息后填写讲座大纲结构图。此任务旨在帮助拔尖学生学会抓住讲座中的重要信息和逻辑脉络。活动四借助大纲结构图复述讲座主要内容。学生根据活动三中完成的讲座大纲结构图和听讲座时记录的笔记，组织语言和内容，复述讲座主旨内容和关键细节。此任务旨在锻炼学生运用所习得的语言和信息组织语篇、论述观点。这一系列促成活动从接受性的辨识和理解过渡到产出性语篇复述，语言加工难度逐步增大，教师给学生提供的支架力度则逐级递减。

综上所述，本节以"学术英语听说"课程中"科技与生活"主题为例，展示了如何基于"产出导向法"教学材料使用与评价理论框架，在"输出驱动"与"输入促成"环节中完成教学材料的选择与转换。

## 5.3 "浸泡式英语强化课程"课程教学材料[1]

教学材料通常需要体现本门课程的科学性和先进性，及时反映社会发展新变化、科学技术进步新成果，要覆盖本学科的概念、知识和方法以及情感价值。内容既要相对稳定，也要与时俱进，既着眼于学生全面发展，也要遵循学生的客观成长规律（王胜利，2021）。适用于拔尖创新人才的外语教学材料不但要体现外语学科的特征，符合拔尖人才发展需要，提高其外语语用能力、跨文化交际能力和思维创新能力，还要注重跨学科知识衔接，为学习者提供多介质、智能化的学习资源，促进其多元智能全面发展。同时，外语教学材料也是培养拔尖人才积极人生观、价值观和世界观的重要思想来源（Lei & Soontornwipast, 2020）。

与上述两门课程不同，"浸泡式英语强化课程"的教学材料随着教学团队外籍教师的变化而动态变化。其根本目标在于激发拔尖学生语言产出欲望，学会有理有据地表达个人观点，并提升其运用英语解决复杂

---

[1] "浸泡式英语强化课程"的教学内容随着外教团队成员的变化而变动，教学材料也会进行相应调整。

问题的水平。当然，无论教学材料如何调整，其核心选取依据始终不变，以确保课程教学团队对教学材料建设进行全过程质量监管。

### 5.3.1 选取依据

通常情况下，教学材料的选取要考虑材料本身是否可以激发学习者兴趣、唤醒他们的知识储备、指引他们下一阶段的学习、提供学习所需策略、帮助他们获取学习反馈、为他们提供实践机会、让他们能够自查学习进展等（Richards, 1995）。此外，学习者的实际水平能力和未来发展需求或者教学目标之间的距离也是教学材料选取的重要依据（束定芳，2023）。如前所述，"浸泡式英语强化课程"的核心教学目标是提升拔尖人才的学术口语能力，同时注重在真实口语交际过程中的情感态度表达。基于这一目标，结合授课教师的专业特长，教学团队选取并改编兼具时效性和可持续发展性的教学材料，着力提升拔尖学生在课堂中的沉浸式体验和真实获得感。

在实际操作层面，如何行之有效地筛选或者改编可以达成上述教学目标的材料呢？束定芳（2023）总结了外语教材选取的四大依据：课程要求、学科原理、技术支持以及学生和教师实际情况。显而易见，选取或改编教学材料通常需要依据课程大纲、遵循外语学科基本原理，并着眼于材料在多模态呈现过程中所需要的技术支持。随着教育数字化转型的不断推进，教学材料和资源从"静态"转向"动态"：从传统的以图片和文字为主要呈现方式的纸质教材到多媒体立体化教材，再到虚拟智能教材，从单向传输到多感官互动，从抽象思考到具象感官表达，不断创造出真实的语言交际场景，丰富学生的感官体验，激发学生的学习动机和兴趣，提升课堂教学效果（Williams et al., 2015）。教师和学生的实际情况也是选取教学材料过程中需要特别关注的要素。例如：教师的文化背景、知识水平和技术能力决定了他们能否驾驭和高质量应用多模态教学材料；学生的文化背景、知识结构、学习经历、成长特点和情感特征等也会对语篇选择和内容呈现产生不同程度的影响。

此外，选择和改编教学材料旨在启智增慧，这就要求所选材料必须确保思想积极、内涵丰富且真实自然。为了帮助拔尖学生敢于表达自己的观点和建议，能够与来自不同文化和背景的人沟通交流，所选教学材料需要紧密关联他们当前和未来的世界，通过设计真实的学习任务，在兼具社会性和教育性的同时，使学习者身临其境地发现问题、分析问题并解决问题，将所知所学应用到真实交际场景之中（Tomlinson, 2012; 董连忠等，2023）。

鉴于教学材料的选取和使用需要进行动态评估和适时调整，Tomlinson（2012）提出了贯穿教学全过程的教材评估体系，即使用前评估、使用中评估和使用后评估三个连续阶段。这一评估理念与贾蕃（2022）提出的教学材料静态评估与动态评估方法不谋而合。具体而言，教师可以通过客观描述与观察、主观查证与分析、主观推测与判断三个步骤对所使用的教学材料展开评估（Littlejohn, 2022），以此确定材料是否纵横协调、与目标学习者特征是否匹配。

### 5.3.2 材料示例

如前所述，"浸泡式英语强化课程"的教学材料会随着授课团队所选教学主题的改变而变化。本节将围绕2022学年的课程教学材料进行阐释。整体而言，该学年课程共分为十个教学模块[1]，主题分别为：经典诵读与思考、写作谬误分析、叙事的力量、诗歌赏析与创作、音乐名作之旅、跨文化交际与发展、科学发现与陈述、口头表达与个人陈述、经典学术讲座分析以及克服压力与信心建构等。授课教师围绕主题选取了多元化的教学材料，互补使用。

以"经典诵读与思考"模块为例。课堂教学聚焦多数拔尖学生耳熟能详的《爱丽丝梦游仙境》这个奇幻故事。之所以选择这篇经典文本，主要出于两方面考虑：第一，浸泡式课堂教学的时间紧凑且有限，选择学生熟悉的故事有利于降低学生在阅读理解过程中的语言障碍，更好地关注故事的情节和内容，挖掘其中的文化背景知识，开拓思维、创新思路。在选取课堂教学材料时，教师节选了故事中一段精彩片段，但并未直接

---

[1] 每个模块需要2—4个学时不等。

让学生阅读，而是选择通过图片和提问引出主题，与学生共同讨论故事发生的背景。然后，教师让学生阅读节选的片段1，并对比阅读了片段2（两段节选参见附录八）。基于对故事的理解，教师引导学生思考不同写作手法给读者所带来的不同感受，邀请学生分享他们对于故事主要人物的理解和读后所感。最后，教师播放了与此段语篇匹配的电影片段，让学生随着爱丽丝的所见所闻所历，感受那个时代处处拘于礼仪、古板迂腐的生活氛围，深入挖掘故事所呈现的细节内容，以新时代的眼光阐述这部儿童作品的现实意义。同时，教师还分享了ChatGPT对于这部儿童文学的解读，刺激学生在人机对话过程中不断拓宽思维。随后，教师采用体裁分析法，引导学生从文学和电影双重视角，深入剖析了该奇幻童话故事的艺术魅力和其中蕴含的英式幽默，探讨其所影射的19世纪中期的英国社会现实，以及文学作品、童年经历与消费主义之间的内在联系，在荒诞叙事中挖掘理性价值。在此基础上，教师组织学生以小组为单位，进行小型配音展示，鼓励学生尝试体会故事的人物性格和情感表达，并将其创造性融入配音表演。

实践表明，将图片、文本、视频片段和人工智能等多元教学材料整合应用于拔尖学生的外语课堂，不但可以营造语言使用的客观场景，而且可以激发学生思维，激发他们使用英语表达观点的欲望。然而，考虑到浸泡式教学的特征和效果，在选取教学材料时，需要避免复杂度过高的内容。例如，有的外教在初期选材时，以两则视频新闻作为主要输入材料。当教师团队进行材料审核时，发现视频新闻语速过快且存在特殊口音，干扰学生在短时间内获取关键信息，不利于学生深入理解所听内容。为此，教学团队重新评估了教学目标和学习者特征，秉持"以终为始"的原则，对材料进行了优化调整。在保留其中一则新闻的同时，选用了一段官媒对同一事件的纸质报道进行文本辅助；另一则新闻被安排为课后自学材料，用于提升学生的认知水平。

## 5.4 小结

教学材料作为教师实施教学的核心素材，不仅是传播新知识、新思想和新观念的重要载体，更是实现教学目标的基本保障，其重要性不言而喻。"产出导向法"教材使用与评价理论框架从教学材料使用者的角度出发，系统构建教学材料使用理念、使用的准备过程，具体使用实践以及使用有效性标准四者间的有机联系，为教材的选择与运用提供了明确的实践方向。本章基于这一理论框架，详细阐述了"学术英语读写""学术英语听说"和"浸泡式英语强化课程"三门课程在教学材料选取与转换方面的理论依据及具体实践案例。

需要特别强调的是，在课堂实践中，教师作为教学活动的设计者和教学材料的开发者，应当以深入的学情分析和教情分析为依据，以产出目标为导向，突破教学材料的局限性，对各种教学材料进行创造性加工，赋予教学材料鲜活的生命，始终秉持教学材料服务于学生学习与发展的核心理念（肖磊、王宁，2021）。

# 第六章 教学实施

近年来，随着高等教育改革的深入推进，许多高校的大学英语课程课时压缩，然而，社会对学习者的语言综合运用能力要求却持续提升。这就促使教师努力提升课堂教学质量和效率。作为具体教学实践的抓手，教学实施在实现教学目标的过程中发挥着核心作用。教学实施的根本目的在于培养学习者解决现实问题所需的综合素养与人格品质（钟启泉，2018）。对于拔尖人才而言，教学要做到"随学而动、以学定教、顺学而导"，助力他们追踪最新学术动态，积累学术知识，提升自身在国际学术领域的竞争力。"随学而动"可以理解为根据拔尖学生的需求、兴趣和学习进展，制定灵活的教学计划，提供及时的反馈与指导，不拘泥于固定的教学内容和方法，以适应学生的个性化发展需求。"以学定教"是指依据学情确定教学的起点、方法和策略。学情包括拔尖人才的知识储备、能力基础、认知水平以及预习程度等基本情况，以此确定教学的适切起点、遴选最优教学方法，设计有效的教学策略，优化学习者发展路径。"顺学而导"是指在课堂教学中，教师依据学情加以引导，使学生有目的、有层次、有实效地学，师生各司其职，学生的主体地位得以确立，教师的辅助作用得以发挥，形成有效课堂教学。

本章将基于课堂教学面临的真实困境，深入探讨"学术英语读写""学术英语听说"和"浸泡式英语强化课程"三门课程的整体教学理念和具体实施过程。

## 6.1 "学术英语读写"课程教学实施

本节将围绕"学术英语读写"课程教学过程中面临的教学困境、解决困境依靠的理论基础以及课堂教学示范三个方面展开，详细阐述如何有效激发拔尖人才内驱力，实现以学习为中心的大学英语教学。

## 6.1.1 教学困境

历经十余年的拔尖人才大学英语教学实践，笔者所在教学团队发现：在进入大学初期，大部分拔尖学生的学术英语写作质量不佳，撰文中存在一些根深蒂固的问题，主要体现在以下几方面。

第一，思维逻辑链不清晰。多数拔尖学生在论述问题和证明观点时的逻辑关系模糊。例如：有的学生在论述为何学校应当多购入一些电子书而非纸质书时写道："Because paper books from the school library could not be lent to several students at the same time, it is ideal that school library should purchase more e-books."。学生提出：图书馆的纸质书不能够同时借给多个学生，应当购买更多电子书。这一论述表面看似合理，实则逻辑不严谨。一方面，学生没有将纸质书的条件描述清楚——到底有多少纸质书？图书馆一般会根据图书借阅量购入多本同一书籍。那么，在需求不大的情况下，纸质书是可以满足学生借阅需求的。另一方面，"纸质书借阅人数有限"和"应当购买更多电子书"之间的逻辑关系论述不够顺畅。购买电子书是否是弥补纸质书不足的唯一途径？抑或是最有效途径？这一点在学生的文章中并未加以说明，导致文章说服力不足。

第二，写作模板化严重。教师发现：很多拔尖学生在撰文写作过程中并未关注自己想表达什么。他们的行文手法与遣词造句非常相似，不是在创作文章，而是生搬硬套、背诵模板。学生将这些模板视为"康庄大道"。事实上，这些模板很大程度上限制了学生的思维，压抑了他们对于完成任务的渴望以及任务完成后的喜悦之感。久而久之，写作成为工业化生产流程。很多学生文章开头都是"Nowadays, with the development of science and technology...", 文章中间习惯用"Every coin has two sides."。这些模板化的语言让拔尖学生的文章失去了个性化的情感、创造性的光彩和自主表达的内涵。

第三，缺乏读者意识。写作是人与社会沟通的有效手段之一，清楚写作的真实受众，才能真正写出"读者喜欢、社会需要"的文章。然而，拔尖学生的文章常常忽略读者群体。例如：在大学申请书写作任务中，学生模拟申请他们理想中的国外大学，并撰写个人陈述。有的学生写道："I am from BNU, majoring in Biology."学生完全站在个人立场完成了写作任务，明显忽略了这是写给外国大学的申请信，而对方可能并不知道BNU代表什么。此外，很多学生在撰写议论文时习惯站在单一角度展开论述，忽视了读者视角和读者需求，导致文章的说服力大大降低。

第四，对于学术写作特征掌握不足。一方面，学生缺乏学术语言知识。他们不了解学术语言与日常社交语言的差异，没有掌握学术语言特征，表述中存在大量口语化表达。例如：有的学生在撰写学术性较强的文章时，习惯于使用"I think""In my opinion""I'd prefer to choose thisidea"一类的表达。这些语句主观性较强，削弱了论述过程中的客观性。另一方面，部分拔尖学生过分注重使用"华丽辞藻"提升文章质量。一些学生在撰文时，为了丰富语言表达，使用词典中查到的较为复杂的同义词或者近义词替换简单的词语。从积极角度来看，这一现象反映了学生主动参与写作创作的意愿，以及他们希望通过精雕细琢的文字表达为读者带来高质量的阅读体验。但是，他们过分注重形式而忽略了内容价值，将华丽的辞藻等同于优秀的文章。事实上，学术语言要具备严谨性、精准性、科学性，而非单纯的辞藻堆砌（韩萍、侯丽娟，2012）。

综上所述，拔尖学生在学术英语写作中存在一些亟待解决的问题。随着"学术英语读写"课程教学的不断深入，拔尖学生的知识结构、认知思维和心理情感也会随之转变，使这些问题逐步得到解决。

## 6.1.2 理论基础及应用

基于建构主义学习理论，Bruner（1986）结合 Vygotsky（1978）的"最近发展区"[1]概念，提出了"支架教学"理论。支架原意是建筑行业中

---

[1] 最近发展区是指学习者独立解决问题的能力和学习者需要借助他人指导或其他合作形式达到解决问题的水平之间的距离。

的"脚手架",而 Bruner(1986)认为熟悉且有规律的讲授辅以适当的社会互动可以促进学生学习,这正是教师为学生搭建的支架。随着"支架教学"理论的发展,其涵盖内容不断拓展,各种互动合作模式和外部环境元素也被纳入其中。在教师搭建的各类支架支持下,学生逐渐学会主动思考,将所学知识和技能不断内化,穿越"最近发展区",实现"教"与"学"的有机统一。除了示范和指导作用,"支架"还可以促使学生拓宽思维(如有针对性的提问等),甚至可以激发学生的学习动机(如教师对学生的正向反馈等)(Applebee & Langer, 1983)。

"支架教学"通常由四个阶段组成:观摩示范阶段(搭建支架)、学生模仿教师指导阶段(进入情景)、逐渐减少支架帮助阶段(探索认知)和支架撤离阶段(效果评价)。在这四个阶段中,教师根据学生的学习需求,精心设计和组织各类支架活动,以有效完成教学目标。然而,如何确保支架在教学实践中的有效性,是教师面临的关键问题。Applebee(1986)曾提出"有效支架"的五个标准:(1)学生对支架拥有所有权,即学生是"支架教学"的主体;(2)支架任务设置需适当、合理,应当考虑学生已有的知识和技能,其难度设定旨在帮助学生产生学习需求;(3)创设有利于支架使用的互动氛围,创建一个自然的语言使用和思维训练过程;(4)"支架教学"过程中应当责任共享;(5)支架控制权应当由参与者交替拥有,共同关注任务进展。支架理论为学生构建了一个促进知识理解的意义框架。在这一框架支持下,学生通过充分发挥主观能动性,实现认知能力的层级跃迁,推动智力水平从一个高度攀升到另一个高度。

研究显示:将支架理论运用于写作教学,可以帮助学习者解构知识,自省症结,全面提升写作质量(Swain, 2001;吴育红、顾卫星,2011;徐昉,2011)。李玲(2009)运用分组讨论作为支架,帮助学生进行写前反思,发现潜在问题、探讨解决方案。Read(2010)提出"IMSCI 支架",探索通过合作轮流完成写作任务的具体路径和操作方案。Wigglesworth & Storch(2009)也曾通过实证研究验证了"合作支架"的作用,并发现合作完成的文章质量明显高于独立完成的文章。Wette(2014)建议在写作教学中采用"复合支架",多角度刺激学生写作灵感,有效完成写作任务。这些研究成果为"学术英语读写"课程的开发与实施奠定了坚实的理论与实践基础。

综上所述,"支架教学"突出了辅助工具的积极作用和参与者的主观能动性,在提升写作效率的同时充分挖掘学生潜能,将教学效果最大化。下一节将围绕如何运用支架提升拔尖学生的学术英语读写素养展开示范。

### 6.1.3 教学实施及课堂内容示例

根据北京师范大学拔尖创新人才大学英语教学计划,"学术英语读写"课程为期一学年。第一学期以体裁教学为主,包括应用文、描述文和议论文。课程集阅读、讨论、根据观点形成书面表达于一体,培养学生运用英语进行高阶思维,提高其能动学习能力。第二学期则聚焦拔尖学生学术读写素养的发展,强化学生的学术意识、学术规范和学术思维。内容涵盖:理解学术文献的语篇特征、避免学术剽窃、选定研究课题、撰写开题报告、完成文献综述以及筛选研究方法等。本节将以第一学期的议论文写作为示范,详细阐释如何在教学中融入支架理论。

议论文写作可以培养学生客观辩证地分析问题、推理假设和论证阐述的能力,使其论述切题,行文言之有物(余继英,2014;范能维、王爱琴,2017)。结合上述教学困境和支架理论,课程教学团队提出了适合拔尖人才发展的"学术英语读写支架"(以下简称"新支架"),具体见图6.1。在教学中,教师通过这些支架,减轻拔尖学生的认知负荷,提升其学术英语读写能力。

由图6.1可以看出,在英语读写教学中,"新支架"内容是根据支架的性质分为"认知支架""环境支架"和"高层次思维支架"三类。"认知支架"分为"认知材料"和"学生已有图式"。前者包括文本、图片、视听资料等多种形式。按照语篇特点,认知材料划分为内容范例、结构范例和语言范例。如果"认知材料"这一支架搭建得当,可以促使其与

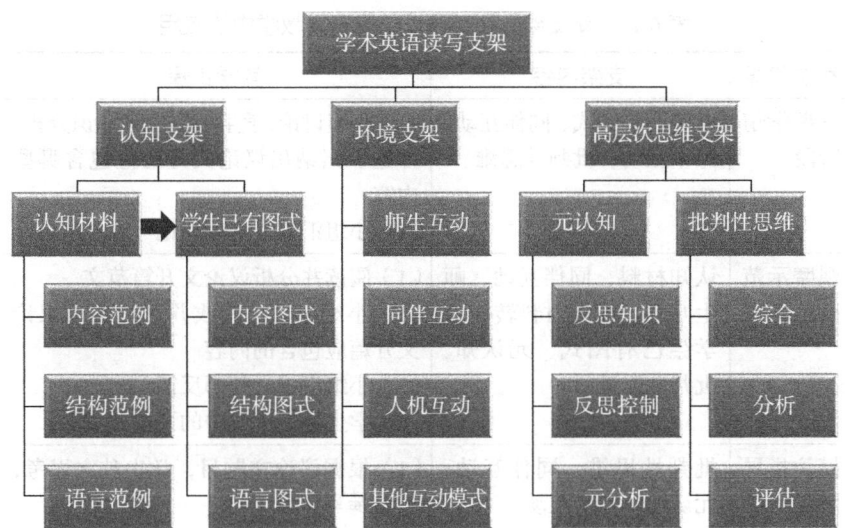

图 6.1　学术英语读写支架

"学生已有图式"相互作用,建构高层次知识,形成新的图式支架。根据支架来源及其与外部环境的作用模式,"环境支架"分为师生互动、同伴互动、人机互动以及其他互动模式(如数字化技术等)。"高层次思维支架"从思维角度出发,分为"元认知"和"批判性思维[1]"。"元认知"即认知的认知,主要包括知识领域、认知控制和元分析三个层次。"批判性思维"涵盖综合、分析和评估[2]三大高阶认知能力。这些支架为读写教学提供了多元化的辅助工具。

那么,如何在课堂教学中有效运用这些支架呢?笔者以"如何撰写英语议论文开头"为例,对"新支架"的应用进行分步骤解说。

---

1　在本书中,"批判性思维能力"与"思辨能力"可以替换使用。
2　此处选取了布鲁姆提出的六大认知层级中的较高层级能力。

表 6.1 "新支架"在英语议论文开篇教学中的应用

| 教学阶段 | 支架内容 | 教学步骤 |
| --- | --- | --- |
| 掌握学情阶段 | 学生已有图式、同伴互动、师生互动、批判性思维 | (1) 小组讨论,学生根据已有知识分析、筛选、归纳出议论文开篇应包含哪些内容<br>(2) 小组汇报、全班讨论 |
| 观摩示范阶段 | 认知材料、同伴互动、师生互动、认知材料转化为学生已有图式、元认知、批判性思维 | (1) 阅读并分析议论文开篇范文<br>(2) 小组讨论,修改并总结英语议论文开篇应包含的内容<br>(3) 小组汇报、教师反馈<br>(4) 学生标记范文中的开篇要素 |
| 模仿指导阶段 | 批判性思维、同伴互动、元认知、师生互动 | (1) 根据议论文题目,学生独立思考,模仿撰写开篇<br>(2) 学生自行结对,相互修改议论文开篇,交流心得<br>(3) 根据同伴建议,反思并修改议论文开篇<br>(4) 教师选择性展示学生开篇,全班共同讨论优缺点<br>(5) 基于讨论结果,学生再次进行修改 |
| 减少支架阶段 | 批判性思维、元认知 | 课后,学生根据题目撰写全新议论文开篇和反思日志 |
| 支架撤离前期(准备阶段) | 选择(1):认知支架、环境支架和高层次思维支架<br>选择(2):高层次思维支架 | 教师根据学生作业和反思日志,判断何时撤销支架<br>选择(1)学生掌握情况不佳,需要继续实施支架教学;教师根据情况,搭建新支架,强化学习内容<br>选择(2)学生掌握情况良好,教师可在适当进行巩固训练后,逐步撤离支架 |
| 支架撤离阶段 | | 教师将"议论文开篇"作为学生已有图式,制定下一阶段支架教学内容 |

由上表可见，"新支架"在教学应用中共分为六个阶段：掌握学情阶段、观摩示范阶段、模仿指导阶段、减少支架阶段、支架撤离前期（准备阶段）以及支架撤离阶段。与以往支架教学过程不同，笔者增加了"掌握学情阶段"和"支架撤离前期"这两个重要环节。前者有利于教师边搭支架边了解学生情况，把握教学节奏；后者有助于教师精准判断应何时撤离支架——教师可根据学生作业及反思日志判断学生的知识内化情况。如有必要，则有针对性地继续构建辅助支架，设计新的教学任务；反之，可以撤离支架并以此为新起点，进入下一阶段教学。

在实际教学活动中，教师需要灵活调整支架的使用方式和使用频率。例如：在一个语言基础参差的"拔尖人才班"讲授"议论文开篇"时，在"模仿指导阶段"中加入"认知支架"，可以有效帮助基础较弱的学生，加强、巩固教学效果。此外，当教师在读写任务中设计"同伴互动"环节时，会遇到一些困难，例如，有的拔尖学生希望独自完成任务，而有些活跃的学生则可能使合作丧失"合作性"。Wette（2014）和 Hanjani & Li（2014）的研究中都曾出现类似问题。究其原因，主要是因为合作者对任务本身存在不同态度和期望值；抑或是学生对于同伴缺乏信任，对其建议有所保留。为此，教师需要在"支架教学"过程中发挥一定的干预作用，适时以"支架"的身份辅助、引导拔尖学生以正确的态度完成合作任务。

## 6.2 "学术英语听说"课程教学实施

本节将围绕"学术英语听说"课程教学过程中面临的教学困境、解决困境依托的理论基础以及课堂教学示范三个方面展开论述。本课程的教学设计始终秉持"以学习为中心"的教学理念，旨在探讨如何实现学生知识建构、能力培养与情感发展的有机统一，从而促进学生全面发展。

### 6.2.1 教学困境

学术英语听说能力是拔尖人才的必备能力。尽管学术英语听说能力在高校人才培养中的重要性已是共识，但是其教学效果仍不尽如人意。

以学术讲座听力为例。首先，由于学术讲座听力[1]具有时间长、信息密度大、语篇结构层次繁杂、词句较为专业等特点，外语学习者面临来自语言、认知和心理等多方面的挑战（Buck, 2001; Lynch, 2011）。因此，在听学术讲座的过程中，绝大部分拔尖学生感到紧张和力不从心，听不到几分钟就跟不上演讲者的思路，收获感低；即便在听的过程中抓住了一些信息，也无法厘清讲座的主要观点、无从提炼并概括讲座大意。其次，当前针对提升学习者学术听说能力的教学实践仍显不足。尽管学界已有不少研究探索如何提高学习者"听讲座记笔记"的能力（如：Siegel, 2016; 2018a; 2018b），然而，这些研究在以下两个方面仍存在局限性：其一，在认知层面，未能系统解释笔记记录的理论依据与目的（即"为什么记"）；其二，在实践层面，缺乏对笔记内容选择标准（即"记什么"）的深入探讨。以上两方面的不足导致学习者在听讲座时难以获取语篇框架，进而无法准确把握讲座的逻辑脉络和重点内容。

综上所述，在学术英语听说教学中，学生面临来自认知、心理和学习策略等方面的挑战。研究表明：学术英语听说能力的发展与学习者语言能力、思辨能力、学科知识和体裁知识等方面息息相关（Snow & Uccelli, 2009）。作为学术英语研究领域的权威学者，Hyland（2004）曾明确指出，理解学术语篇的基础在于掌握学术体裁的特征。然而，现有研究表明（孙厌舒、王俊菊，2015），传统听说教学对学习者在学术听力体裁的认知方面的关注明显不足，尤其是在学术语篇结构和语言使用特点的认知方面。基于以上分析，"学术英语听说"课程拟引入体裁教学法，旨在通过系统的体裁分析训练，解决拔尖学生在听学术讲座过程中面临的困境，为其专业学习和国际学术交流奠定基础。

### 6.2.2 理论基础及应用

体裁教学法是围绕语篇的图式结构，设计与开展教学活动的教学方法。其目的是帮助学习者逐渐形成体裁意识，理解不同篇章的逻辑结构

---

[1] Lynch（2011）将学术英语听力分为"单向学术听力"（如学术讲座、英语专业授课）和"双向学术听力"（如研讨会、与导师讨论）。本节聚焦"单向学术听力"。

与交际目的之间的关联，从而掌握不同体裁语篇的社会意义构建功能（韩金龙、秦秀白，2000：12-13）。以往研究充分证明了体裁教学法在提升学习者读写能力方面的有效性（Flowerdew, 1993; Marshall, 1991; Paltridge, 1996; 韩萍、侯丽娟，2012）。

体裁教学法主要有两种教学模式（秦秀白，2000；韩金龙、秦秀白，2000）。第一，体裁教学轮式学习循环模式。这一模式是由澳大利亚学派（Australian School）提出的，主要侧重初级和中级学习者在未来学习和生活中会遇到的交际事件，教学活动基本围绕那些交际事件中蕴含的体裁展开，包括报告、阐释、讨论、说明等。这一教学模式主要运用于写作课堂教学，通常分为三个阶段：示范分析（教师运用"图式结构"分析方法讲解目标体裁的社会功能、体裁结构与语言特征）、共同协商写作（师生模仿目标体裁共同创作）和学生独立写作。第二，基于专门用途英语教学的"语步-语阶"教学模式。这一模式是由斯威尔斯学派（Swalesian School）提出的，聚焦高等教育学习者在专业场合会遇到的各种体裁，围绕学术语篇的谋篇布局及其文体特征展开教学，如论文摘要、文献综述、研究发现、学术科普讲座等。具体教学步骤如下：师生共同对目标体裁范例进行"语步-语阶"结构和语言使用特征分析、小组合作模仿范例对目标体裁语篇进行"语步-语阶"结构和语言使用特征分析、学生独立完成对目标体裁语篇进行"语步-语阶"结构和语言使用特征分析、学生尝试模仿目标体裁的"语步-语阶"结构和语言使用特征完成输出任务。两种体裁教学模式的核心框架非常相似，都是教师引导学生在理解目标体裁交际目的的基础上，深入分析目标体裁范例的图式结构以及文体特征；随后，学生以小组或个体形式完成对目标体裁语篇的分析、模仿和再创作。在"语步-语阶"教学模式的基础上，Swales & Feak（2012）提出了"4A旋转循环"教学模式。"4A"代表四个关键要素，即分析（Analysis）、意识（Awareness）、习得（Acquisition）和掌握（Achievement）（具体见图6.2）。这四个要素描述了学习者对目标体裁从了解到内化的全过程，他们并不是单向线性关系，而是周期性循环上升的。学生在与目标体裁接触的增量中深度体验并经历"分析""意识""习得"和"掌握"四个阶段，最终将目标体裁知识完全内化为自身能力。

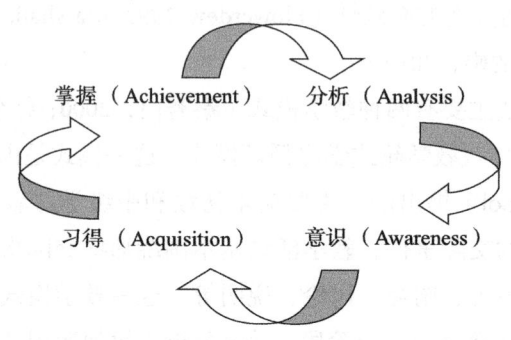

图 6.2 "4A 旋转循环"教学模式（Swales & Feak, 2012）

以学术论文摘要为例，解析图 6.2 所示"4A 旋转循环"的教学模式（Swales & Feak, 2012）。首先，教师引导学生识别学术论文摘要中具有普适性的写作特征，包括其宏观语步结构和微观语言特征。其次，教师引导学生对比分析专业学术摘要的语步结构、句式特征和时态运用，归纳摘要的共性特征和学科特异性，提升学生对学术摘要体裁的意识。再次，鼓励学生阅读各自学科领域的学术论文摘要，在阅读中有意识地解析摘要体裁特征，增强其对学术摘要语步结构和话语特征的敏感度，逐步习得学术论文摘要的体裁知识，进而将所掌握的论文摘要体裁知识自如运用于学术写作之中。整个过程体现了"教师为主导、学生为主体"的理念（何克抗，2004）。教师的角色从知识的传授者转变为知识发现的引导者，学生从知识的接受者转变为知识的发现者。此外，"4A 旋转循环"模式中也蕴含着支架作用。例如：在"分析"环节中，教师通过提供真实、典型的学术语篇作为辅助支架，引导学生进行体裁分析，从而最大化支架的协同效应。

"4A 旋转循环"教学模式为"学术英语听说"课程提供了创新视角与实践框架。如前所述，学习者的学术体裁意识和能力，特别是其在听力理解过程中对体裁特有的"语步-语阶"框架的识别能力——包括对语篇结构脉络的把握、对观点提出和阐述方式的认知以及对特定语言特征的敏感度，这些要素共同构成了学习者准确捕捉听力语篇主旨信息及关键细节的核心能力基础。下一节将以拔尖人才"学术英语听说"课程中社会热点问题类学术讲座为例，展示该体裁教学模式在听说课堂中的具体应用。

### 6.2.3 教学实施及课堂内容示例

根据北京师范大学的拔尖创新人才培养计划，"学术英语听说"课程设置为一学年。第一学期聚焦篇幅较短的科普入门类讲座，引导学生了解并熟悉学术场景中涉及的主题、聚焦的问题、观点的阐述、论据的运用、观点与细节的关系等基本概念，旨在帮助拔尖学生完成从高中进入大学的过渡，为第二学期篇幅较长的学术讲座听力学习奠定基础。第二学期聚焦"问题-解决型"和"阐释说明型"两类讲座，旨在培养学生听讲座记笔记、概括讲座大意、提炼讲座主旨的学术听力能力以及就某个现象或问题进行原因剖析、阐释观点，并提出解决方案的口头表述能力。

本节将以第二学期的"问题-解决型"演讲为例，对"4A 旋转循环"体裁教学模式的应用进行分步骤解析，详细流程见表 6.2。

表 6.2 "4A 旋转循环"模式在学术英语听说教学中的应用

| 教学阶段 | 教学步骤 | 活动形式 |
| --- | --- | --- |
| 学前准备 | （1）为了发挥学科互补优势，要求学生依据同组异质（学科和性别交叉搭配）原则，组成3—4人的学习小组；<br>（2）每组自建微型讲座语料库（收集六个学术讲座），说明选择理由 | 学生自主分组、自主选择讲座 |
| 分析（初步了解阶段） | 围绕学术讲座，教师引导学生进行启发式讨论：<br>（1）围绕交际背景、交际目的和目标听众等方面进行讨论；<br>（2）分析语篇结构特点，如特定"语步-语阶"结构及其语篇功能；<br>（3）围绕语言与修辞特点进行讨论，如观点的呈现、论证的方式、语篇指示语的运用等 | 课堂讨论 |

（待续）

(续表)

| 教学阶段 | 教学步骤 | 活动形式 |
| --- | --- | --- |
| 意识（加深了解阶段） | （1）课外：学生独立分析小组讲座微型语料库中所选讲座的交际背景、交际目的、目标对象、语步结构和语言使用特征；<br>（2）课内：学生分组讨论所选讲座的体裁特征；<br>（3）各组口头汇报分析结果，进行小组互评；在互评过程中，教师组织学生反思各组所选讲座与其他小组讲座在体裁特征方面的异同 | 独立分析、小组讨论、小组汇报 |
| 习得（初步运用阶段） | （1）课外：学生依据前期梳理的讲座体裁特征，围绕教师所定选题，独立撰写讲座文本；<br>（2）课内：基于组员独立撰写的文本，小组讨论完成合作讲座文本（文本注重目标体裁的恰切性与逻辑性以及语言使用的准确性和修辞效果）；<br>（3）各组交换讲座文本，开展同伴互评；<br>（4）学生总结如何在讲座文本中突出体裁特征 | 独立创作、小组讨论、同伴互评 |
| 掌握（娴熟运用阶段） | （1）教师反馈每位学生的讲座文本；<br>（2）学生根据教师反馈意见和前期知识修改讲座文本；<br>（3）学生根据讲座文本终稿录制完成讲座音频，音频存入微型讲座语料库 | 教师反馈、独立创作 |
| 学后反思 | （1）学生书面反思体裁学习的收获与亟待解决的问题；<br>（2）教师反思教学目标的完成情况，阅读学生反思并依据反思制定调整下一步教学目标 | 个体反馈 |

如表 6.2 所示，"4A 旋转循环"模式在学术英语听说教学中分为六个阶段：学前准备、分析（初步了解阶段）、意识（加深了解阶段）、习得（初步运用阶段）、掌握（娴熟运用阶段）和学后反思。在 Swales & Feak（2012）的"4A 旋转循环"模式基础上，笔者提出的模式增加了两个环节："学前准备"和"学后反思"。之所以增加这两个环节，是为了确保课堂教学效果。"学前准备"为教学实施奠定基础，即完成学生分组并建立微型语料库；"学后反思"环节旨在检验教学的实际效果，从而确定下

一步教学方向和内容，实现教学评的良性循环上升。每个阶段都包含多个具体的教学步骤、教学活动以及明确的师生职责分配。在"分析"和"意识"两个环节中，教师搭建了各种支架，设计了针对目标讲座体裁的个人独立分析、小组讨论分析和教师引导解析等环节，旨在加强拔尖学生对学术听力语篇的体裁意识，丰富他们的体裁知识，提高他们对讲座组织脉络和主要内容的预判能力，从而最终提升他们对讲座关键信息的理解、概括与复述能力。在"习得"和"掌握"两个环节中，教师鼓励学生根据体裁知识和选题要求，分别以个体和小组为单位撰写讲座文本，并基于小组讨论、同伴互评和教师反馈，对文本进行修改，加速学生对体裁知识的内化。

不可否认，将"4A旋转循环"模式运用于学术英语听说教学中仍面临诸多挑战。例如：在"学前准备"阶段，学生自建微型讲座语料库的质量监控问题、小组讨论活动中成员合作过程监控问题以及同伴反馈中由于学生语言知识与体裁知识有限导致反馈质量良莠不齐的问题等。为解决这些问题，教师进一步细化了学习活动的评价标准，并且通过系统训练提升学生的评价反馈能力。

需要明确指出的是，拔尖人才学术英语听说能力的培养是一个长期、复杂且动态的过程。尽管"学术英语听说"课程仅作为一种短期干预措施，但体裁教学法的引入能够显著增强拔尖学生的体裁意识，使其深入理解并掌握各类学术听说语篇的分析方法。这不仅有助于学生在短期内提升学术英语听说技能，更为其探索学术英语听说素养的可持续发展路径提供了有力支持。

## 6.3 "浸泡式英语强化课程"课程教学实施

本节将围绕"浸泡式英语强化课程"课堂教学实施过程中面临的教学困境、解决困境依靠的理论基础以及教学示范三个方面展开，结合"多元智能理论"和体验式教学，详细阐述如何有效激发拔尖学生的表达欲望，帮助他们在真实语境中准确、自如地运用英语，实现交际目标。

### 6.3.1 教学困境

如前所述，浸泡式英语教学的本质是在一个相对封闭的环境中，要求学生全方位、全时段只能使用英语，阻断母语干扰，逐步淡化强烈的语言学习目的，在短时间内形成目标语言的思维习惯，达到灵活运用英语的目的。浸泡式英语教学在推动学生英语水平提升方面具有明显优势。然而，在教学实施过程中，一些挑战也随之显现。

首先，语言环境不足。在非英语国家，创造一个真实的英语语言环境面临不可小觑的挑战。为此，"浸泡式英语强化课程"授课团队需由母语为英语的资深外教组成，在一定程度上营造一个"浸泡式"环境。课程教学资源以及课堂交流语言也被严格限定为英语（不允许出现双语内容），从而在客观上实现全英文课堂教学环境。

其次，语言和学科专业知识压力。尽管拔尖人才的整体学习能力较强，但是由于外教通常基于自身擅长的学科知识展开教学，导致一些语言薄弱且缺乏学科背景知识的拔尖学生无法快速获取关键信息，进而影响学习进度，随之产生不同程度的学习压力。解决这一问题的根本方法是鼓励拔尖学生扩充并丰富个人知识储备，深化学习领域，增加知识广度。

再次，学生适应困难。"浸泡式英语强化课程"要求拔尖学生在七天内完成32学时的课程。对于一些学生而言，迅速适应高强度的全英文学习环境让他们措手不及，随之产生畏难心理，潜意识中可能出现抵触情绪。此时，教师需要适当调整教学组织形式，加入小组合作、多模态信息输入等辅助支架，帮助学生平稳过渡、融入全新学习环境。

### 6.3.2 理论基础及应用

多元智能理论（The Theory of Multiple Intelligences）是由美国心理学家 Gardner（1999; 2006）提出的。他认为个体智力不是单一的，而是由多种相互独立的智能动态变化且交错组合而成，包括：语言智能、音乐节奏智能、数理逻辑智能、视觉空间智能、身体运动智能、自省智能、人际交流智能和自然观察智能等。多元智能理论认为课程教学应具有多元化和发展性的特点（李鸿杰，2011），为学生提供多角度的知识输入与信息反馈，有针对性地弥补劣势智能、发展优势智能，从而提高学生整体智能水平，并着眼于拔尖人才的长期和全面发展。在此过程中，学生逐渐成为知识意义的主动建构者，通过与他人的互动来认识自我、理解知识并建构对事物的认知，形成多元智力结构。

将多智能联动引入课堂教学实施有利于构建人与知识的一体化，使课程更加生动，激发学生潜能，使学生在理解知识的基础上，了解知识渊源，明辨价值方向，形成坚定的理想信念和正确的价值导向，从而实现从知识传授到情感内化的人才培养目标（于华，2012）。Gardner（2006）强调多元智能理论是建立在经验证据基础上的，重视不同能力在特定环境中为特定目的而不断进化。因此，教师应当以发展的眼光观察、记录、分析和了解学生在学习体验过程中的智能变化（葛艳，2011；苏仰娜，2016），以弥补传统外语课堂中"忽略学生多元智能发展，没有尊重学生主体地位"的问题（蒋峥裕等，2023：72）。

研究表明：通过营造真实体验氛围，可以有效推动拔尖学生在个体感知过程中自然习得知识，并发展多元智能（Kolb，1984）。Kolb（1984）提出的体验式学习理论指出，教师基于学生的认知规律和需求，引入并创造与教学内容相应且轻松愉快的场景，能够激发学生积极健康的情感体验，唤起学生参与的欲望，架起学生已知经验、情感与学习之间的桥梁，从而帮助他们迅速而准确地理解教学内容，促进其知识技能、情感心理的全面和谐发展（Slavich & Zimbardo, 2012; Wright 等，2022）。简言之，体验式学习是通过体验与经历转化创造知识，发展智能的过程；知识和智能是已知经验和转化经验的结合（Kolb, 1984; 2005）。正如田华（2012：69）所言，"有意义的学习必须同学生的经验发生联系，由学生去体验才能产生"。

体验式学习描述了知识建构和智能发展的周期过程，从具体体验、反思观察、抽象概念化到主动行动（见图 6.3）（Kolb, 1984; 2005）。直接或具体的经验指的是通过在真实情境中的学习以及过去的经验获得的概念、事实和信息，构成了观察和反思的基础。这些观察和反思被分析和综合吸收后，提炼为抽象的概念，从中可以得出对行动的新启示。这些启示通过积极实验被应用于全新的现实环境中,并作为创造新体验的指导。

笔者针对拔尖学生的特征,对图 6.3 所示体验式循环模式进行了改编,形成了螺旋上升式体验教学模式(见图 6.4)。这一模式更能展现出体验式学习推动拔尖人才知识和智能螺旋攀升的过程。在课堂教学中,教师可以根据实际情况,将各环节进行合并与拆分。

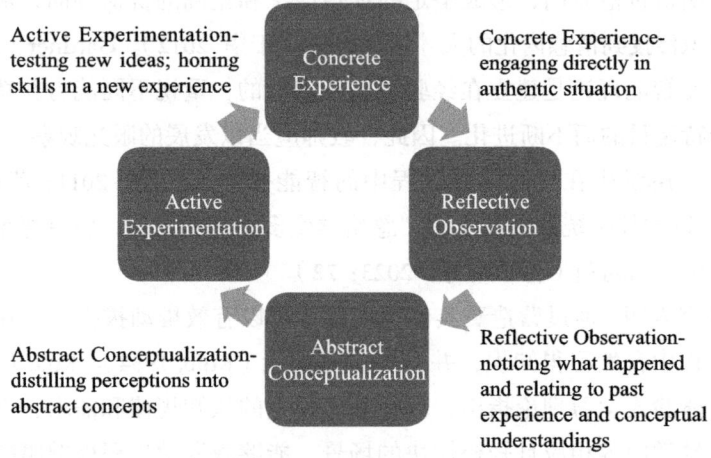

图 6.3　体验式学习过程(Kolb, 1984, 2005)

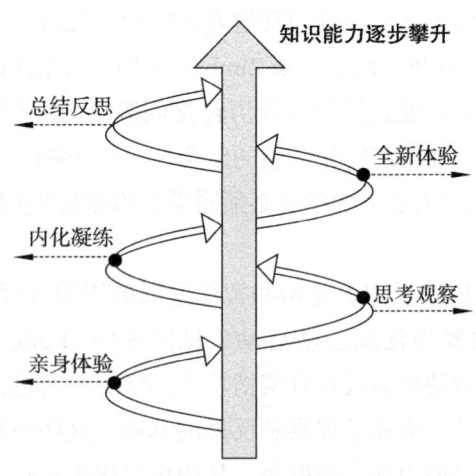

图 6.4　螺旋上升式体验教学模式

"螺旋上升式体验教学模式"要求教师以教学材料为依托,为学习者创设多样化的情境和主题探究活动,引领学生亲身体验、积极参与,激发学生主观能动性和逻辑思维能力,通过观察模拟和合作学习等方式,完成复杂知识的深度加工与建构,发展和加强个体智能;随后,鼓励学生将获取的知识与发展的智能应用于全新语境,在不断探究和总结反思过程中,逐步达到"知识-智能-素养"的全面发展(伍忠杰等,2010;田华,2012;Slavich & Zimbardo, 2012)。

　　需要强调的是,体验式教学体现了学生的主体地位,强调过程价值(Kolb, 1984)。学生能够根据自身发展需要,对学习活动进行一定程度的支配和调控,充分发挥个人潜能,积极主动获取和质疑知识,提升对知识的感知力,用丰富的想象力创造知识、发展多元智能(Su, 2015)。教师不再是居高临下的评判者,而是学生体验活动中的同行者和辅助者。教师尊重学生的独特性,不强加给他们任何结论,不用正误区分他们的知识策略,也不夸大学生智能发展失衡的问题,而是鼓励学生通过全心投入,在质疑中形成科学知识,在思辨中凝聚理性共识,在体验中促进多元智能和谐共生,鼓励学生在矛盾中深入感知、深度思考(顾世民、李莉萍,2018)。

　　综上所述,"浸泡式英语强化课程"可以尝试以体验式教学为基本指导思想,将多元智能理论融入课程教学设计,通过创建真实生活环境和学术氛围,赋能拔尖学生的知识能力运用,为学生多方面成长厚植土壤,使其尽快发展为具备卓越学术素养的高层次人才。

### 6.3.3　教学实施及课堂内容示例

　　为进一步阐释如何通过构建真实体验环境提升拔尖人才的多元智能和学术素养,笔者以2023学年"浸泡式英语强化课程"中的"辩论模块"为例,对课堂教学实施展开具体描述。辩论模块的具体教学目标分两个层次:(1)引导学生多角度认清客观事物,基于对事物的证据收集和详细分析,形成知识与逻辑链条,并据此提出个人观点;(2)通过倾听理解对手观点,捕捉其论点与论据,在博弈过程中形成新知。可以看出,辩论的本质是高级的阅读理解和思维训练。在开展辩论的过程中，学习者通过获取信息、思考问题、组织逻辑、反驳陈述，使其语言智能、数理逻辑智能、视觉空间智能、身体运动智能、自省智能、人际交流智能和自然观察智能得到不同程度的锻炼。

辩论教学（见图6.5）通常分为四个阶段：动机激活阶段、资料收集阶段、辩论阶段[1]和评价反馈阶段（李圣恩，2009）。动机激活阶段是教师主导阶段。教师采用提问方式或者讨论形式引出辩论主题，鼓励学生主动参与思考，积极表达个人观点。例如：本学年的辩论主题为"开采海底矿产资源的规则制定"。在动机激活阶段，教师通过一张海底采矿图，组织拔尖学生讨论图片内容，推测图片背景。同时，教师结合时事新闻，创设了真实场景，并对背景进行了详细说明，具体如下：

> In the 1860s, Jules Verne's *20,000 Leagues Under the Sea* predicted vast mineral resources on the ocean floor. A century later, geologist John L. Mero supported seabed mining in *The Mineral Resources of the Sea*. In 1967, Maltese ambassador Arvid Pardo urged the UN to protect the seabed as "the common heritage of mankind." This led to the 1994 United Nations Convention on the Law of the Sea (UNCLOS) and the creation of the International Seabed Authority (ISA) to regulate deep-sea mining. Countries must sign ISA contracts to mine deep-sea minerals.
>
> In 2019, China emerged as a leader, holding five of the 30 ISA contracts. The ISA is finalizing seabed mining rules, aiming for implementation by July 2020, when deep-sea mining could officially begin.

基于上述背景，教师组织学生分组开展资料收集。学生广泛查阅和筛选资料，观察和分析内容，并从中提炼主要论据、形成论点。各小组自行拟定海底采矿规则，同时充分考虑对方可能提出的反驳论点，认真思考论辩的方式和方法。在此过程中，学生的语言智能、数理逻辑智能、

---

[1] 根据"螺旋上升式体验教学模式"，辩论阶段涵盖了两个层次：内化凝练与全新体验。

自省智能、人际交流智能和自然观察智能均得到了充分发展，为下一阶段的辩论做好了充分准备。

进入辩论阶段，各组学生扮演来自不同国家的代表，就有关深海采矿规则的议题展开辩论。辩论期间，各国代表根据前期调研信息和小组讨论内容，纷纷提出规则制定或改进的详细理据；同时，他们紧密关注对方陈述，迅速关联信息，组织思路，积极驳论。这一过程充分体现了学习者对知识的内化凝练（田朝霞，2019）——论辩双方通过互相激发交流动机，从倾听到反思，从记录到分析，从组织思路到整理表达，积极参与辩论的热情被充分调动。为避免辩论陷入"混战"或偏题，教师需全程监控，以会议主持人的身份引导各组有序发言。从学生的论辩陈述可以看出他们的学科知识储备、语言表现力、创新与思辨能力以及协同合作能力，充分展示了他们的多元智能水平和综合学术素养。

辩论结束后，进入评价反馈阶段。在此阶段，教师既要维护拔尖学生探求知识的热情和勇气，鼓励他们不拘一格地展示个人思维，也要引导学生积极复盘辩论过程，总结个人表现，评价他人优势，精准呈现学生的智能发展水平。这一过程为拔尖人才"知识-能力-素养"的全面发展提供了参考（李圣恩，2009）。

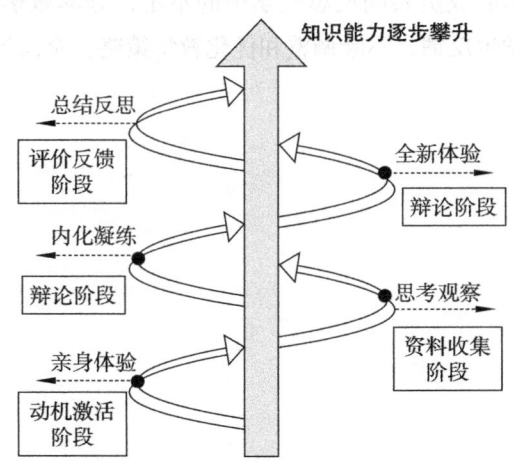

图 6.5　螺旋上升式体验教学模式指导下的辩论教学

综上所述，"浸泡式英语强化课程"可以借助体验式教学模式，有效提升拔尖学生的多元智能和学术素养。以"辩论模块"为例，辩论教学的四个阶段与螺旋上升式体验教学模式相互呼应，通过营造真实体验环境，激发学生关联已知、探索未知，不仅加速提升了拔尖学生的能力素养，也为构建人才高质量发展新格局奠定了坚实基础。

## 6.4　小结

本章结合北京师范大学"拔尖人才班"学生的特点和大学英语校本课程的整体教学目标，以"学术英语读写""学术英语听说"和"浸泡式英语强化课程"三门课程的教学实施为例，将教学理论与教学实践相结合，基于实际教学困境，深入剖析学生发展需求，通过搭建多重支架、践行体裁教学法和体验式教学方法，不断探索可行性教学方案。这些实践不仅帮助学生理解和应用所学知识，还激发了他们的学习兴趣和主观能动性，逐步探索出一条适合拔尖人才多元智能和学术素养提升的有效路径。

在教学实施过程中，课程教学团队始终关注并记录教学中遇到的问题；学期末，团队成员共同反思教学中的不足，分享教学收获，充分利用自我反思和学生反馈，不断调整和优化教学策略，全面提升教学质量。

# 第七章　教学实验

拔尖创新人才培养是现代教育发展的重要任务之一。教学实验对于探索拔尖人才教育方法和发展路径具有重要的现实意义。通过持续开展教学实验可以不断优化教学方法、提高教学效果，并探索出适合拔尖人才发展的有效教学策略，为拔尖人才教育研究提供实证基础和创新思路。

本章聚焦于拔尖人才英语思辨能力的研究。第一个研究通过深入调查"常规班"学生与跨年级拔尖学生的思辨能力发展情况，精准定位拔尖人才的思辨能力发展倾向、为大学英语课程设计提供科学依据。第二个研究则以"学术英语读写"课程为切入点，基于第一个研究中拔尖人才的思辨特征，采用混合研究方法，验证现有课程体系能否有效促进学生的思辨能力发展。

## 7.1　拔尖人才思辨能力研究

国外一流大学在人才培养中，始终将思维能力培养放在首要位置（孙有中等，2013）。这一理念与我国的人才培养目标不谋而合。林崇德（2016）指出，课堂教学应以教学内容为载体，注重培养学生的思辨能力。在西方文明中，对思维本身的探讨可追溯到古希腊苏格拉底倡导的探究性质疑(probing questioning)。而在中国，《礼记·中庸》十九章中记载："博学之，审问之，慎思之，明辨之，笃行之。"这一理念强调，博学多才需以详细询问、透彻理解为基础，并通过慎重思考、明辨是非以及切实实践来实现。可见，无论何种教育体系，均致力于培养学生良好的思维方式和思辨能力。

近年来，思辨能力¹培养已成为我国高等教育的关注焦点之一，旨在推动学生自主创新，弥补国内教育中"思辨缺席"的问题（苗宁、苗兴伟，2015；孙有中等，2013；韩宝成、魏兴，2021）。那么，拔尖学生的思辨能力现状究竟如何？为回答这一问题，笔者所在教学团队开展了一系列相关研究。

### 7.1.1 思辨能力及相关研究

Paul & Elder（2006）将思辨能力定义为"为了决定某东西的真实价值，运用恰当的评价标准进行有意识的思考，最终做出有理据的判断"，它是一种集分析、说理和解决问题等能力为一体的艺术。思辨能力较高者可以针对事件提出关键性问题、收集并评估有效信息、成功且系统地进行沟通，并在解读信息后获取有力结论。基于美国教育心理学家布鲁姆提出的教育目标分类学，学界逐渐发展出多种高层次思维能力的结构模型。Macpherson & Stanovich（2007）的"The Delphi Research"模型从六种认知能力和七种情感特质架构出"双维结构模型"；Paul & Elder（2006）的"三元结构模型"运用"八大要素""八种智力特征"和"九级标准"来评鉴思辨能力；林崇德（2006）也提出了"三菱结构思维能力模型"。此外，文秋芳等（2009）结合国内外成果提出了"层级模型"，将思辨能力划分为元思辨能力和思辨能力。其中，元思辨能力是指对自身思辨过程的计划、监察、调整与评估。思辨能力则包括认知技能和人格倾向两个维度。认知技能包含分析、推理与评价等技能和清晰性、相关性、逻辑性、深刻性与灵活性五大标准；人格倾向包含好奇、开放、自信、正直与坚毅等情感特质。近年来，穆从军（2023）从学生角度出发，以思辨知识、思辨框架和思辨训练为要素，构建了可操作的"读后创写思辨能力培养模式"。

随着上述思辨模型和思辨培养模式的相继出炉，学界开展了一系列相关研究。余继英（2014）提出写作思辨"一体化"概念，并阐述了英语写作课程改革的可行性方案。与此同时，学者们尝试将量化数据融入质性研究，进一步丰富思辨能力研究的维度。刘义和赵炬明（2010）采

---

1 也被称为批判性思维能力，是学术素养的核心要素之一。

用《加利福尼亚批判性思维倾向问卷调查》对一所地方综合性高校的 679 名学生展开研究，发现该校大学生总体思辨倾向偏弱。汪福秀（2015）对一所省属综合性高校的 724 名学生进行了调查，其结果与刘义和赵炬明（2010）相近。但是，她发现了学生思辨结构的特点：学生的专业与性别影响思辨能力，而且大学生入学后的思辨能力呈现下滑趋势。刘春晖（2015）以北京师范大学 529 名大学生为研究对象，聚焦大学生的创造性问题提出能力。结果显示：尽管大学生的创造性问题提出能力总体较好，流畅性分数较高，但是灵活性和独创性分数相对较低。在思辨能力的测量方面，文秋芳和张伶俐（2016）指出：在跟踪研究学生的思辨能力时，单一依赖问卷调查的量化数据所得出的结论可能存在偏差，因为数据结果过于机械和简单，掩盖了变化本身的复杂性。因此，越来越多的研究者采用定量与定性相结合的研究方法。王博佳（2019）通过定量与定性的研究方法，对某高校 121 名学生进行思辨能力问卷调查和写作思辨能力测评后发现，"三元结构模型"与"产出导向法"有助于对提高学生整体思辨能力，还能够从清晰性、相关性、逻辑性和深刻性四个方面提升学生议论文质量。穆从军（2023）同样采用混合式研究方法，验证了"读后创写思辨能力培养模式"对学生思辨质量和英语写作水平的显著提升作用，特别是在培养学生质疑开放精神以及思辨深度与广度方面表现尤为突出。

上述研究在一定程度上弥补了我国思辨能力研究的空白，也揭示了部分大学生思辨能力较弱这一事实。为了进一步掌握我国大学生的思辨能力水平和变化趋势，笔者对北京师范大学"拔尖人才班"和"常规班"学生的思辨能力展开横向和纵向相结合的调查，并依托调查结果全面规划拔尖人才的思辨能力培养。

### 7.1.2　研究问题与研究对象

本研究的主要问题如下：

（1）拔尖学生和"常规班"普通学生的初始思辨能力是否存在差异？

（2）在经过一段时间的专业学习后，拔尖学生的思辨能力发展倾向如何？

本研究对象来自两大群体，共 158 人[1]，年龄在 17—19 岁之间。一部分研究对象为北京师范大学"基础学科拔尖学生培养试验计划"的一、二年级学生（包括数、理、化、文、史、哲等专业），共 97 人。尽管不同批次的学生起点可能存在差异，但通过综合对比两个年级学生的入学成绩以及专业任课教师的访谈[2]，并未发现两个群体之间在入学初期存在明显差异。另一部分研究对象为来自同一学校的"常规班"一年级学生，共 61 人。

### 7.1.3 研究工具与数据收集

Facione & Facione（1992）基于"The Delphi Research"中提出的思辨特征倾向，编制了《加利福尼亚思维倾向问卷》（CCTDI）。该问卷经过大规模的信度和效度检验，目前已有多语种版本。本研究采用了彭美慈等（2004）修订的中文版问卷（CCTDIV）评估学生的思维倾向。彭美慈等（2004）考虑到中国儒家文化提倡的谦虚与中庸思想，对原版中 16 个条目加入了情境化描述，使其更贴合中华文化价值观，从而更准确地反映中国学生的思辨能力。CCTDIV 包括寻找真理、开放思想、分析能力、系统化能力、思辨自信心、求知欲和认知成熟度七大维度（见表 7.1）。每个维度包含 10 条陈述项目，形成七个子量表，依次简称为 T、O、A、S、C、I、M，每个维度的得分区间为 10—60 分，40 分为分界值，建议目标分为 50，总分为 70—420 分（罗清旭、杨鑫辉，2001）。

表 7.1　思辨能力特质范畴

| 思辨特质 | 定义 |
| --- | --- |
| 寻找真理 | 对寻找知识抱着真诚和客观的态度；若找出的答案与个人原有的观点不符，甚至与个人信念背驰，或影响自身利益，也在所不计 |

（待续）

---

[1] "拔尖人才班"一年级 61 人，二年级 36 人以及普通班一年级 61 人。
[2] 笔者所在教学团队对"拔尖人才班"的各任课教师进行了录音专访，并调取了学生的入学成绩进行对比研究。

(续表)

| 思辨特质 | 定义 |
| --- | --- |
| 开放思想 | 对不同的意见采取宽容的态度，防范个人偏见的可能 |
| 分析能力 | 能鉴定问题所在，以理由和证据去理解症结和预计后果 |
| 系统化能力 | 有组织、有目标地努力处理问题 |
| 思辨自信心 | 对自己的理性分析能力有把握 |
| 求知欲 | 对知识好奇和热衷，并尝试学习和理解，即使这些知识的价值并不直接明显 |
| 认知成熟度 | 审慎地做出判断，或暂不做判断，或修改已有判断。有警觉性地接受多种解决问题的方法；即使在欠缺知识的情况下，也能明白权宜之计有时不可避免 |

改编自彭美慈等（2004）

CCTDIV问卷采用里克特量表。每个题目分为六个等级，6代表"非常赞同"，1代表"非常不赞同"。在本问卷中正、反向题目并存。其中，寻找真理部分全部为反向题，即选择"6非常赞同"的同学思辨倾向低。开放思想部分包含七个反向题，分析能力部分有三个反向题，系统化能力部分有六个反向题，思辨自信心部分有一个反向题，求知欲部分有三个反向题，认知成熟度中全部为反向题。在数据统计过程中，对这些反向题进行了相应的转换处理。

本次数据收集历时一个月，并用SPSS27.0进行数据分析。问卷共发放173份，回收167份，其中"拔尖人才班"一年级和二年级分别有8份和1份问卷因完成题目少于整卷题目的1/3而被视为无效问卷，最终有效问卷共158份[1]。同时，笔者对"拔尖人才班"的两名公共课教师及四名专业课教师进行了深度访谈，以便更为全面地了解学生的变化。

### 7.1.4　研究结果与讨论

研究问题一旨在对比"拔尖人才班"和"常规班"一年级学生入学时的思辨能力（见表7.2）。总体而言，"常规班"学生只在"寻找真理"

---

[1] 郭春彦等（2002）强调：d 为 0.30 就可确认存在差异，但前提条件是样本要大，最好是大于 100 人。

和"认知成熟度"两个维度上的得分略高于拔尖学生,其余各维度均值都低于拔尖学生。问卷中各维度分值均未达到建议的目标分数50,但除"思辨自信心"外,其他维度平均分数均处于40—50分区间,表明受试在这些维度上的思辨倾向较强。"思辨自信心"的分值在40分上下徘徊,说明大多数受试在此维度上的思辨倾向处于矛盾状态。

表7.2 问卷调查结果1

| | 寻找真理 | | 开放思想 | | 分析能力 | | 系统化能力 | |
|---|---|---|---|---|---|---|---|---|
| | 均值 | 标准差 | 均值 | 标准差 | 均值 | 标准差 | 均值 | 标准差 |
| P*(N=61) | 42.8 | 5.98 | 46.1 | 5.08 | 44.2 | 5.36 | 40.0 | 6 |
| L1(N=61) | 41.8 | 7.52 | 46.2 | 5.89 | 45.1 | 7.67 | 41.4 | 7.90 |
| | 思辨自信心 | | 求知欲 | | 认知成熟度 | | | |
| | 均值 | 标准差 | 均值 | 标准差 | 均值 | 标准差 | | |
| P*(N=61) | 38.6 | 6.75 | 44.8 | 7.14 | 48.0 | 5.58 | | |
| L1(N=61) | 40.9 | 8.49 | 45.6 | 7.88 | 47.5 | 6.56 | | |

\* P代表常规班一年级学生,L1代表拔尖人才班一年级学生。均值是指进行反向计分后各群体在各纬度得分的平均数。

为了观察"常规班"学生与拔尖学生的差异,笔者对"拔尖人才班"与"常规班"一年级学生在思辨能力量表上的得分进行了独立样本T检验。结果显示(见表7.3):"常规班"与"拔尖人才班"一年级学生仅在"分析能力"方面存在显著差异($p<.05$),拔尖学生的"分析能力"明显较高,而其他维度均未见显著差异。为进一步量化两组学生在"分析能力"上的差异程度,笔者使用来自评价与监控中心的Excel程序文件[1]计算了差异效应值。根据Cohen(1988)的定义,效应值用于衡量差异大小及

---

1 http://www.cem.org/effect-size-calculator.

重要性，其参考标准为：组间差异效应值 d ≤ 0.2（小效应）、0.2<d ≤ 0.5（中效应）、d>0.5（大效应）。"拔尖人才班"与"常规班"一年级学生之间的差异效应值 d=0.14，效应值的置信区间为 [−0.22,0.49]。可见，尽管拔尖学生的分析能力普遍高于常规班学生，但两者之间的差异效应值较小。

表 7.3 "拔尖人才班"一年级学生与"常规班"一年级学生思辨能力倾向独立样本 T 检验

|  |  | 方差方程的 Levene 检验 | |
|---|---|---|---|
|  |  | F | Sig. |
| totalT | 假设方差相等<br>假设方差不相等 | 3.060 | .083 |
| totalO | 假设方差相等<br>假设方差不相等 | .162 | .688 |
| totalA | 假设方差相等<br>假设方差不相等 | 6.263 | .014 |
| totalS | 假设方差相等<br>假设方差不相等 | 3.848 | .052 |
| totalC | 假设方差相等<br>假设方差不相等 | 2.094 | .150 |
| totalI | 假设方差相等<br>假设方差不相等 | .680 | .411 |
| totalM | 假设方差相等<br>假设方差不相等 | .748 | .389 |

在采访几位任课教师时，他们均表示：大多数拔尖学生与常规班学生在入学时的综合实力没有明显差异，但是拔尖学生的优越感稍强，表现欲和自信心比常规班级的学生略胜一筹。一位公共课教师表示："拔尖学生的课堂表现力较强，知识基础相对扎实，但随着教学的深入，这些特质并未对其知识习得产生显著影响。"一位专业课教师指出："在我所教的常规班和拔尖人才班中，都有表现突出的学生和相对较弱的学生，目前并未发现两个群体在学业成绩和思维方面存在差异。"另一位专业课

教师也认为:"拔尖学生思维比较灵活,敢于表现自己……但是在学习效果方面并无明显优势,有些常规班学生的能力超过拔尖学生。"

综合上述数据与访谈内容可知:在入学初期,"常规班"与"拔尖人才班"一年级学生在思辨倾向方面并未呈现显著差异;即使在"分析能力"方面,拔尖学生的优势也并不突出,不具备统计意义。尽管拔尖学生的"思辨自信心"略高于常规班学生,但是从整体数据来看,两组学生在"思辨自信心"方面的倾向都偏弱。由此可以推测:拔尖学生的选拔制度可能并未将思辨倾向作为重要标准,或者未能有效筛选出思辨倾向较高的学习者。此外,一年级学生的整体"思辨自信心"偏弱可能与学生受传统教育思想影响有关[1],拔尖生在该维度的均值略高可能与其自身优越感相关,但此结论仍有待验证。

为回答第二个研究问题——"拔尖学生在经过一段时间的专业学习后,其思辨能力发展倾向如何",笔者对比了"拔尖人才班"一年级和二年级学生在思辨倾向问卷中各维度的平均分,并进行了独立样本 T 检验,结果见表 7.4 和表 7.5。如表 7.4 所示,"拔尖人才班"一年级学生仅在"寻找真理"这一思维倾向维度上略逊于二年级学生,其余各维度数值均高于二年级学生。根据表 7.5 的数据,"拔尖人才班"二年级学生与一年级学生在"寻找真理""系统化能力"和"认知成熟度"方面存在显著差异($p<.05$)。效应值分析显示:在"寻找真理"和"系统化能力"方面,差异效应值分别为 $d=-0.02$(置信区间为 [-0.43,0.39])和 $d=0.07$(置信区间为 [-0.34,0.49]),两者差异非常小。而在"认知成熟度"方面,差异效应值 $d=0.23$,置信区间为 [-0.19, 0.64],达到了中等效应水平。这些数据表明,拔尖学生在经过一段时间的专业学习后,思辨能力并未呈现显著上升趋势。

---

[1] 此维度题目对于性格较为谦和的中国学生而言答题效果不佳。例如:对于"我欣赏自己拥有精确的思维能力"这类问题,中国学生的选项倾向于中庸,这可能是谦逊或不自信的表现。

表 7.4 问卷调查结果 2

| | 寻找真理 | | 开放思想 | | 分析能力 | | 系统化能力 | |
|---|---|---|---|---|---|---|---|---|
| | 均值 | 标准差 | 均值 | 标准差 | 均值 | 标准差 | 均值 | 标准差 |
| L1*（N=61） | 41.8 | 7.52 | 46.2 | 5.89 | 45.1 | 7.67 | 41.4 | 7.90 |
| L2（N=36） | 41.9 | 5.56 | 45.4 | 6.24 | 43.6 | 6.48 | 40.8 | 5.97 |

| | 思辨自信心 | | 求知欲 | | 认知成熟度 | |
|---|---|---|---|---|---|---|
| | 均值 | 标准差 | 均值 | 标准差 | 均值 | 标准差 |
| L1*（N=61） | 40.9 | 8.49 | 45.6 | 7.88 | 47.5 | 6.56 |
| L2（N=36） | 38.5 | 8.41 | 44.5 | 8.84 | 46.2 | 4.46 |

\* L1 和 L2 代表 "拔尖人才班" 一年级和二年级学生。均值是指进行反向计分后各群体在各纬度得分的平均数。

表 7.5 "拔尖人才班" 一年级与二年级学生的思辨能力倾向独立样本 T 检验

| | 方差方程的 Levene 检验 | |
|---|---|---|
| | F | Sig. |
| totalT 假设方差相等<br>假设方差不相等 | 3.997 | .048 |
| totalO 假设方差相等<br>假设方差不相等 | .018 | .893 |
| totalA 假设方差相等<br>假设方差不相等 | .673 | .414 |
| totalS 假设方差相等<br>假设方差不相等 | 4.592 | .035 |
| totalC 假设方差相等<br>假设方差不相等 | .063 | .803 |
| totalI 假设方差相等<br>假设方差不相等 | .507 | .478 |
| totalM 假设方差相等<br>假设方差不相等 | 5.128 | .026 |

为了更全面掌握拔尖学生的思维倾向变化，笔者对"拔尖人才班"的四位专业课教师进行了深度访谈[1]。四位专业课教师均表示：学生在经过两年的学习后，思维能力并无明显变化，甚至一部分学生的求知欲显著下降。教师们普遍认为，这一现象与学生繁重的课业压力有关。他们指出：拔尖学生的课程安排非常紧凑，从早上8点到晚上9点半，周末还要参加各类社团活动以提升个人综合能力。许多学生一直"疲于奔命"，虽然不断汲取知识，却缺乏深度思考和反省，导致过犹不及。一位文科专业教师强调："学生在不断学习的同时需要沉淀与积累，而许多拔尖学生因身处激烈的竞争环境，对自身要求过高，经常把自己压得喘不过气。"一位理科教师也表示："一、二年级的拔尖学生不会有特别明显的（思维能力）变化，一年的时间也难以期待显著提升，但是一些学生变得没有以前那么具有科学精神了，这值得我们注意。"事实上，学生的思维倾向在一年内没有明显变化并不令人意外，但其整体思维能力出现倒退的现象却不容忽视。量化数据显示，"拔尖人才班"二年级学生的"认知成熟度"均值较一年级学生明显降低，且差异达到中等效应水平。学生的"认知成熟度"变化与其校园学习生活息息相关。一年的大学生活深刻影响了学生对事物的看法，甚至在一定程度上改变了他们的人生观和价值观。因此，在促进拔尖学生学业进步的同时，其思想教育和心理教育也不容忽视。综合上述数据可知，与"拔尖人才班"二年级学生相比，一年级学生在思维倾向方面似乎更具优势。此结果与汪福秀（2015）及文秋芳和张伶俐（2016）的研究发现相似：大学生入学后前两年思辨能力呈现倒退趋势，后期则趋于稳定。

总而言之，与"常规班"学生相比，拔尖人才的整体的思辨倾向并未显示出明显的优势，且一年的学习生活也并未能显著提升其思辨能力。综合量化与质性研究结果可知：拔尖学生的思辨倾向变化比较复杂，受多种因素影响。教师需要对拔尖学生进行系统的思辨倾向教育，深化其学习体验，促进其思辨能力的正向发展。文秋芳等（2009）指出：语言教

---

[1] 大学英语课程设置为一学年，而四位专业课教师均负责拔尖人才班一、二年级的专业课程。

学在提升学生思辨能力方面具有天然优势。因此，有必要将思辨能力培养与英语语言教学相结合，利用语言中蕴含的文化内涵和知识内容，唤起拔尖学生的科学兴趣和学习热情，引导他们拓宽思路、追求真理、培养科学精神等。

## 7.2 拔尖人才课程建构

基于前期关于拔尖学生思辨倾向的研究结果，本节将以建构为期一学年的"学术英语读写"课程体系为切入点，通过定量与定性研究相结合的方法，探索将学术英语读写能力培养与思辨能力发展有机融合的教学路径，从根本上提升拔尖学生的学术素养。

### 7.2.1 课程建构的理论基础

"学术英语读写"课程体系建构主要基于第二语言习得中的图式理论和社会文化理论。图式理论强调，新的知识只有与人们已掌握的结构性知识建立关联，才能产生意义（杨圆、徐冰，2020）。换言之，语言输入本身不具备意义，但当其成功激活学习者已有图式时，便会促成新图式的生成，实现有意义的语言学习（Bazerman, 1985）。然而，知识的生成是一个复杂的认知和心理过程，并非简单的输入与输出（杨圆、徐冰，2020）。在学术读写课堂中，教师需要为学生提供可以激活其已有图式的阅读材料，并设计有效的教学活动，促进新的认知图式形成，为输出阶段积累信息；而学生则需要发挥主观能动性，根据阅读输入和产出需求，在大脑中搜索相关信息，激活已有图式，通过分析、筛选、合成和归纳，重构并生成新知，完成高质量的信息输出（周遂，2005）。

社会文化理论主张人与社会环境是辩证统一的整体（Vygotsky, 1978）。在环境塑造个体的同时，个体也将其心理特征带入环境之中，进而影响社会环境的建构（秦丽莉等，2023）。社会文化理论指导下的读写活动是学习者与社会环境之间的双向互动，具有社会性和合作性。它涉及文化、社会和情景等语境要素。学习者通过与这些语境要素互动，将社会语言内化为个人语言，进而形成全新图式，产生新的思维（秦朝霞，2009）。因此，适当融入双向互动有助于教师掌握学生的语言习得情况，减少学生的输出焦虑，激发他们在最近发展区内的写作潜能（Cotterall & Cohen, 2003; Dobao, 2012）。

综上所述，在针对拔尖学生的学术英语读写教学中，精准的信息输入和丰富的社会互动能够激活学生已有认知图式，促进思维能力发展，并助力其构建新的认知图式，逐步完成从输入到输出的复杂信息加工。

### 7.2.2 建构实践探索

基于拔尖人才大学英语教学目标，结合前期理论与实践探索，教学团队搭建了"学术英语读写"课程的基本架构，如图7.1所示。第一学期聚焦不同体裁的语篇撰写，并借助"真人图书馆"和"个性化写作指导"，营造互动环境，拓展学生知识范围，丰富信息输入渠道，以写促读。第二学期则过渡到学术素养提升，通过参与英语专题讲座，激发学生对学

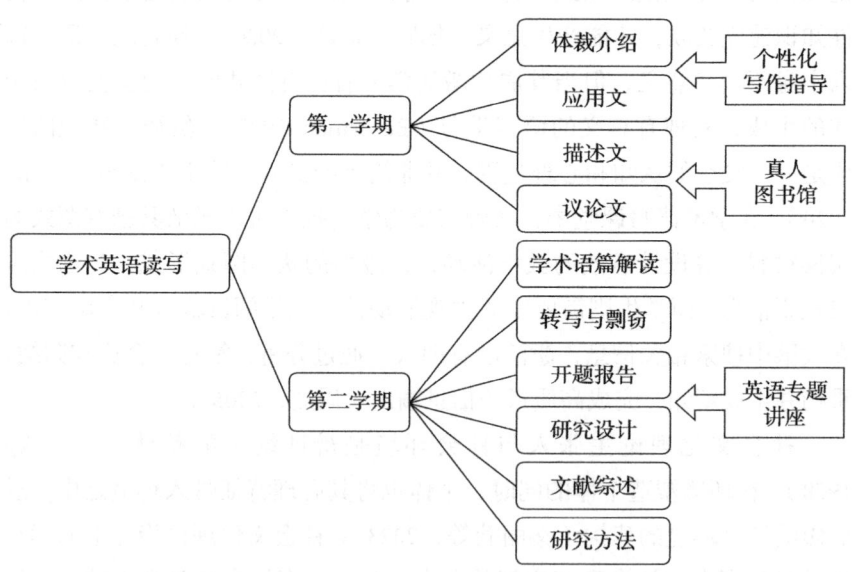

图 7.1 拔尖学生"学术英语读写"课程体系

术研究的兴趣，并通过学术语篇研读与同伴交流[1]，培养学生的高层次思维和研究能力（文秋芳，2008）。

如前所述，受课时限制，教学团队需要充分调动拔尖学生的自主学习能力。因此，课程遵循"产出导向法"中"以产出促输入"的理念，以写作输出技能为主，而大部分阅读输入则由学生在课外完成，逐步从教师指导下的阅读输入转向自发性阅读。

### 7.2.3 研究设计

本研究的主要问题是："学术英语读写"课程体系是否有助于提升拔尖人才的思辨能力？研究对象为北京师范大学某级 133 名"拔尖人才班"大一学生[2]。研究工具包括写作测试、问卷调查、半结构性访谈以及教师日志。133 名拔尖学生在第一学期开学初参与了限时议论文写作测试，并在完成一学年的"学术英语读写"课程后，接受了后测。同时，笔者设计了两项调查问卷（参见附录九）[3]：问卷 1 关注学生对于课程设置的反馈；问卷 2 改编自 Stapleton（2001）关于思辨能力的调查问卷。此外，笔者随机选取了 20 名拔尖学生在每学期末进行一次半结构性访谈；任课教师还录制了口头教学日志。

### 7.2.4 研究结果与讨论

综合分析数据可知，"学术英语读写"课程在一定程度上确实助于提升拔尖人才的思辨能力，但这种思辨能力发展并非一蹴而就。下表 7.6 描述了 133 名"拔尖人才班"学生在开学初期进行限时议论文写作测试[4]的结果。

---

[1] 如微信群、QQ 群等。
[2] "拔尖人才班"学生的入学成绩普遍高于"常规班"学生。
[3] 两份问卷分两次发给学生，为了避免学生盲目答题，两个问卷的量表级别相反。
[4] 写作由一名资深中教和一名外教匿名评分，结果取两者均分；当差异大于或等于 3 分时，进行复核；且所有试卷与普通学生的试卷混合阅卷，避免偏见。写作题目是：Should University Library Buy More E-books or Paper Books?

表7.6 拔尖学生英语议论文写作前测成绩

|  | N | 极小值 | 极大值 | 均值 | 标准差 |
|---|---|---|---|---|---|
| 前测 | 133 | 6 | 13 | 9.52 | 1.495 |
| 有效的 N（列表状态） | 133 | | | | |

议论文总分15分，拔尖学生的得分在6—13分之间，平均分为9.52，略高于及格水平。两位阅卷教师指出，与普通学生相比，拔尖学生的议论文水平并未表现出明显优势；大约2/3左右的拔尖学生在论述中存在观点不明确、立意浅显或者思维逻辑不严谨等问题。例如，有些学生认为"电子书和纸质书都应该购买"，立场不清晰。另一些学生虽然提出了明确论点，却不能展开有效论述——"University library should buy more paper books, since they can protect our eyes"[1]，这一理由显然存在谬误。此外，很多学生在论述中未能清晰阐释理由之间的内在逻辑。例如，学生A支持图书馆购入更多电子书，理由包括：使用方便（使用者角度）、对环境伤害小（社会意义）且价格便宜（图书馆角度）。但在写作过程中未能合理安排这三个理由的呈现顺序，导致文章缺乏层次感和缜密性。值得注意的是，拔尖学生的议论文中几乎很少出现驳论，缺乏对于论述问题的全面思考。

历经一学年的"学术英语读写"课程学习，133名拔尖学生在期末再次进行了限时议论文写作。表7.7呈现了这些学生前后两次的写作成绩对比[2]。结果显示，133名学生的平均分从9.52升至10.96，且p=.000<.05，说明两组成绩存在显著差异。

表7.7 拔尖学生英语议论文写作后测成绩

成对样本统计量

| | | 均值 | N | 标准差 | 均值的标准误 |
|---|---|---|---|---|---|
| 对 1 | 后测 | 10.96 | 133 | 1.649 | .143 |
| | 前测 | 9.52 | 133 | 1.495 | .130 |

---

1 纸质书无法"保护眼睛"。
2 第二学期期末写作任务由参与前测的两名教师进行评阅，评阅形式与前测完全相同。写作题目为：Should University Students Do More Volunteer Work？

成对样本检验

| | | 成对差分 | | | | | t | df | Sig.（双侧） |
|---|---|---|---|---|---|---|---|---|---|
| | | 均值 | 标准差 | 均值的标准误 | 差分的95%置信区间 | | | | |
| | | | | | 下限 | 上限 | | | |
| 对1 | 后测−前测 | 1.444 | 1.612 | .140 | 1.167 | 1.720 | 10.331 | 132 | .000 |

为进一步掌握拔尖学生思辨能力的发展情况，笔者根据 Hersh（n.d.）的写作思辨维度要素和 Qin & Karabacak（2010）分析中国学生议论文时运用的改良版 Toulmin 模式，对后测议论文展开深入分析，从立意构思、谋篇布局、说理论证和读者体验等方面评估学生在文章撰写过程中运用的思辨能力。

首先，尽管拔尖学生的语言表述能力仍有待提升，但是大部分学生在撰写议论文时能够提出较为鲜明的个人观点，并选取相对合理的理据。例如，学生撰写的文章主旨句如下：

> College students should take more volunteer work because it could improve their academic ability, enhance their mental health, and increase their social responsibility.
>
> （学生 No. 25）
>
> In my opinion, volunteer work brings [academic][1] and mental benefits to university students.
>
> （学生 No. 120）

其次，学生在阐述理由时尝试运用数据和案例加强论证力度，使论证更加充分且有说服力。例如：

> A survey has been taken among 50 top students from 6 different schools at Beijing Normal University; over 95% have joined in various volunteer work and [valued] their experience.
>
> （学生 No. 81）

---

[1] "[ ]"表示其中原内容有语法或用词错误，已由笔者修改。

再次，学生的论述中加入了合理的驳论，层次分明，强化了论证过程的深度和广度。例如：

> It has been argued that taking volunteer work is a waste of time. This opinion is inappropriate. To [measure] whether the students waste their time relates to their [productivity]. In fact, taking volunteer work would help train students' patience, persistence, and EQ...
>
> （学生 No. 32）

> Some people hold negative attitudes towards volunteer work as they couldn't see its benefits. However, a study from University of Washington has proved that employees who had the volunteer service experience are the best team players...
>
> （学生 No. 55）

从学生的限时写作样本可以看出：多数学生已经能够以相对严谨的逻辑推理表达个人思想。阅卷教师也认为："学生们对于事物的解析能力和论证能力较之一年前有明显提升"。然而，仍有部分拔尖学生在论述过程中存在不充分、浅尝辄止的问题，未能深入挖掘理据与论点之间的深层关联。可见，思维能力的发展是一个长期过程，学生需要在外部引导下，通过用心体会、亲身实践和主动内化，逐步培养敏锐的洞察力、强大的判断力和良好的表达能力。

除了拔尖学生的期末写作样本外，两个问卷结果也在一定程度上佐证了拔尖学生思辨能力发展的积极效应。在所回收的 131 份问卷中，129 份为有效问卷。问卷 1 调查结果见表 7.8：

表7.8 问卷 1 统计结果

|    | N   | 极小值 | 极大值 | 均值 | 标准差 |
| --- | --- | --- | --- | --- | --- |
| Q1 | 129 | 1 | 5 | 3.82 | 1.004 |
| Q2 | 129 | 1 | 5 | 3.81 | .942 |
| Q3 | 129 | 3 | 5 | 4.58 | .541 |

（待续）

（续表）

|  | N | 极小值 | 极大值 | 均值 | 标准差 |
| --- | --- | --- | --- | --- | --- |
| Q4 | 129 | 3 | 5 | 4.42 | .569 |
| Q5 | 129 | 1 | 5 | 3.65 | .924 |
| Q6 | 129 | 1 | 5 | 2.29 | 1.019 |
| Q7 | 129 | 2 | 5 | 4.16 | .727 |
| Q8 | 129 | 1 | 5 | 3.98 | 1.125 |
| Q9 | 129 | 2 | 5 | 4.33 | .617 |

由上表可以看出，拔尖学生对写作课程设置普遍表示满意。问题2和5的结果说明，学生比较认可现在的写作教学难度。问题7和9则反映出，多数学生认为学术英语读写教学内容实用，有助于他们撰写高水平专业论文。结合问题1、4、6和8的结果可知，多数学生对以产出专业学术论文为目标的阶梯式课程设置较为满意。此外，九成以上的拔尖学生对课程中融入课外活动表示支持。他们在访谈中强调："参与各种讲座和真人图书馆活动可以拓宽知识面、激发灵感，也帮助我们逐渐掌握一些处理问题的策略和方法"。

问卷2[1]旨在通过拔尖学生对写作的认知，分析和评估他们的思辨能力（Stapleton, 2001）（见表7.9）。

表7.9 问卷2统计结果

|  | N | 极小值 | 极大值 | 均值 | 标准差 |
| --- | --- | --- | --- | --- | --- |
| Q1 | 129 | 1 | 3 | 1.71 | .506 |
| Q2 | 129 | 2 | 5 | 3.40 | .980 |
| Q3 | 129 | 3 | 5 | 4.50 | .627 |
| Q4 | 129 | 3 | 5 | 3.91 | .655 |
| Q5 | 129 | 1 | 4 | 1.85 | .697 |

（待续）

---

1 在学年初，学生并未进行问卷2的前测，这是本研究的缺失。因此，问卷2的数据只能在一定程度上反映拔尖学生在学年末的思辨能力。

(续表)

|  | N | 极小值 | 极大值 | 均值 | 标准差 |
| --- | --- | --- | --- | --- | --- |
| Q6 | 129 | 3 | 5 | 3.94 | .778 |
| Q7 | 129 | 1 | 3 | 1.75 | .761 |
| Q8 | 129 | 2 | 5 | 4.19 | .662 |
| Q9 | 129 | 1 | 3 | 1.63 | .708 |

129名拔尖学生的问卷调查结果显示：大部分学生在写作中善于思考，能够质疑权威，并形成自己独特的观点，显示出一定的思辨能力。如表7.9所示，问题1和6均值分别为1.71和3.94，表明大多数学生认为即使面对争议性问题，清楚表明个人观点和立场仍十分重要。问题2和9则关注学生在写作中是否受到他人观点影响。这一点对拔尖学生尤其重要，因为部分学生盲目附和教师或学者的观点，丧失自我判断能力。两道题的结果分别是3.4和1.63，显示出多数学生具备一定的判断能力，不轻易盲从教师观点。教师日志也印证了这一点："随着课程的推进，课堂讨论日益增多，学生的批判角度越来越犀利。"一位学生在访谈中强调："平时参加各种活动，眼界开阔了，以前想问题不够全面，现在会从多角度分析，不懂就问！"还有学生表示："写作中的多重评价让我能够更加全面地看待自己（文章）的问题，我不会盲从别人的想法，而是先思考再决定。"问题3、4和8聚焦学生在论证过程中对论据和理由的选择。从分值结果可以看出，拔尖学生非常重视论据的运用，并在一定程度上理解了如何选取论据以增强说服力。问题5的平均分为1.85，说明多数学生认为学术写作中应适当限制个人情感的投入，这一点与问题7的结果相互呼应。

此外，教师日志反映出拔尖学生的思辨能力发展存在一些问题。由于课业负担较重，学生长期埋头苦读，缺乏反思，导致知识沉淀不足，延迟了知识内化和迁移的过程。因此，应为拔尖学生提供充足的个性化发展空间，营造健康的学术氛围，从而激发其思辨能力的快速发展。

本研究围绕"学术英语读写"课程体系建构的效果展开，证明了将认知与思维培养相结合的学术读写课程在一定程度上能够实现语言技能与思辨能力的同步提升。然而，思辨能力的培养是一个长期锤炼的过程，不仅需要为学生提供在实际情境中运用思辨能力的机会，还需结合理论学习和实践探索，鼓励学生拓展思路、勇于创新，在思想碰撞和观点交流中逐步提升其思维水平。

## 7.3 小结

思辨能力是学术素养的核心能力之一。本章描述了两个围绕拔尖人才思辨能力培养的教学实验。实验一旨在明确拔尖学生的初始思辨能力，并将其与经历一年大学教育的拔尖学生进行对比，进一步掌握这一群体的思辨能力发展倾向。实验结果表明：与"常规班"学生相比，拔尖学生的思辨倾向没有明显优势，且一年的大学学习生活也并未使其思辨能力发生显著变化。由此可见，系统化地开展思辨能力培养对拔尖学生的学术素养发展具有重要意义。实验二以"学术英语读写"课程体系建构为出发点，通过定性和定量相结合的研究方法，验证了该课程体系在一定程度上能够有效提升拔尖学生的思辨能力。

综上所述，尽管多数拔尖学生具备较强的学习能力和学术科研潜质，但这些能力和潜质需要通过积极有效的教学活动来激发和唤醒。因此，大学英语教学应为拔尖人才提供良好的学习氛围、丰富的知识内容、先进的方法策略以及多样化的学习机会，帮助他们实现个人潜能最大化，快速成长为具备深厚专业知识和技能、独特洞察力和思维能力、能够发现问题并提出精准解决方案的领军人才。

# 第八章　未来展望——数字化建设推进人才培养

在全球信息化背景下，数字技术的迅猛发展推动我国开启了教育数字化转型的新征程，促进了教育领域的全方位变革与创新。2018年，教育部印发《教育信息化2.0行动计划》，明确提出要推动数字智能在教学全流程中的应用，利用智能技术加快人才培养模式和教学方法改革。2020年，中共中央、国务院印发《深化新时代教育评价改革总体方案》，明确指出要借助数字智能等现代信息技术，探索开展学生学习情况全过程的纵向评价和德智体美劳全要素的横向评价。2022年，全国教育工作会议再次强调实施教育数字化战略行动，推动教育数字化发展。根据国家战略部署，到2035年，中国将基本建成数字人才强国，高端数字人才引领作用将更加凸显。为全面落实党中央的指导思想，国内高校正积极开发数字化教育资源，优化本科拔尖创新人才培养模式，推动高端人才培养的数字化转型，加速拔尖人才的人格塑造和素质养成。

在数字信息技术赋能的时代，拔尖人才学术英语素养培养迎来了前所未有的机遇和挑战。数字赋能的教学模式和数字化教育平台为拔尖学生提供了针对性强的教学内容、多样化的学习资源、差异化的学习路径和个性化的学习指导，也为教师提供了新颖多元的教学互动工具。这种数字化学习环境极大地拓宽了拔尖学生获取语言知识和实践技能的渠道，为他们创造性地学习、合作与交流提供了充分的环境给养。然而，数字赋能不仅带来了机遇，也伴随着许多挑战。例如，拔尖人才需要具备自主学习能力和探索精神，但过度依赖数字化教育平台可能导致学生习惯被动接受，逐渐丧失学习主动性。此外，如何在丰富的数字化资源中筛选出适合自身发展的学习资源，并且有效利用这些资源完成学习任务，也是拔尖学生需要面对的挑战。

尽管国内关于拔尖创新人才培养的研究和实践日益增多，但对数字赋能拔尖人才培养的具体方法策略仍处于探索阶段。本章将重点探讨数字化时代背景下拔尖人才学术英语素养培养的转型布局，以及在转型过程中可能面临的挑战和应对策略，以期构建一个集多样化和个性化于一体的数字化教育新生态。

## 8.1 拔尖创新人才培养的数字化转型

学术素养是拔尖人才文化自信和科研能力的重要体现，是在长期学术研究中逐渐培养的精神品质，也是大学生创新能力培养和取得重大研究成果的保障。然而，研究表明，我国拔尖人才的学术素质教育实施力度不足，学术素养相对匮乏（赵薇、李越，2019；马永霞等，2024）。为此，课程教学团队转变教育理念，充分利用数字信息技术的优势，把握机遇，扬长避短，积极探索适合拔尖人才学术素养提升的中国方案。

2023年秋季，北京师范大学启动全新培养方案，基础学科拔尖创新人才大学英语课程进入新一轮改革。在不改变课程目标且学分减少的前提下，将原有的"学术英语读写""学术英语听说"和"浸泡式英语强化课程"细化为"通用进阶英语阅读""学术英语写作""学术英语听说"和"研究用途英语"，进一步凸显了阶段式学术素养课程的核心培养目标。其中，"研究用途英语"课程整合了原培养方案中"学术英语读写"第二阶段的学术论文写作能力和"浸泡式英语强化课程"的学术口语能力。

为确保全新培养方案的顺利实施，北京师范大学加大智慧教室的建设力度，以数字技术驱动教学改革与创新，推动技术优势与教育需求的协同发展。为顺应教育数字化转型战略行动，课程教学团队以"学术英语写作"和"研究用途英语"两门课程为切入点，以慕课为抓手，以立体化知识图谱建构为目标，充分利用智慧教室的数字信息技术，实施"混合式"教学模式，逐步实现拔尖人才学术英语教学与评价的数字化改革。

### 8.1.1　慕课制作缘起

慕课（Massive Open Online Course, MOOC），是一种整合多种数字化资源的大型开放式网络课程，是"互联网+"时代教育技术融合创新的体现。慕课因其广大的受众群体和灵活的授课方式而备受瞩目。2008年，第一门慕课在加拿大成功运营；2012年，Udacity、Coursera、edX三大国际慕课平台上线，掀起了全球在线课程建设热潮。经过十余年的发展，中国已成为全球慕课数量和慕课学习人数最多的国家（吴岩，2018；2019）。

慕课不仅能够有效转变学生的学习方式，还能间接延长课时、拓展内容和延伸学习时空，成功解决了大学英语教学中"目标高、内容多、课时少"的难题（谢萍，2020）。教育部在2020—2021年公布的国家一流课程中包含了九门与大学英语写作相关的慕课，具体见表8.1（黄红兵、邓鸥翔，2022：83）。

表 8.1　国家一流大学英语写作慕课及其运营现状

| | 课程名称 | 认定年份 | 开课院校 | 上线平台 | 开课期数 | 学习人数 |
| --- | --- | --- | --- | --- | --- | --- |
| 1 | 新科学家英语：演讲与写作 | 2017 | 哈尔滨工业大学 | 中国大学慕课 | 10 | 102522 |
| 2 | 英语科技论文写作与学术报告 | 2018 | 清华大学 | 学堂在线 | 4 | 151097 |
| 3 | 大学英语过程写作 | 2018 | 吉林大学 | 中国大学慕课 | 6 | 108950 |
| | | | | 超星尔雅通识课平台 | | 239185 |
| 4 | 大学英文写作（一） | 2018 | 国防科技大学 | 中国大学慕课 | 8 | 174014 |
| | | | | 学堂在线 | 4 | 6334 |

（待续）

（续表）

| | 课程名称 | 认定年份 | 开课院校 | 上线平台 | 开课期数 | 学习人数 |
|---|---|---|---|---|---|---|
| 5 | 大学英文写作（二） | 2018 | 国防科技大学 | 中国大学慕课 | 5 | 152051 |
| | | | | 学堂在线 | 4 | 4106 |
| 6 | 大学英语写作基础 | 2018 | 厦门大学 | 中国大学慕课 | 8 | 62214 |
| 7 | 英语语法与写作 | 2018 | 暨南大学 | 中国高校外语慕课平台 | 1 | 883 |
| | | | | 中国大学慕课 | 10 | 386896 |
| | | | | 学堂在线 | 4 | 42755 |
| 8 | 思辨式英文写作 | 2019 | 南开大学 | 中国大学慕课 | 5 | 27951 |
| | | | | 学堂在线 | Self-paced | 335 |
| 9 | 国际交流实用英文写作 | 2019 | 湖南大学 | 中国大学慕课 | 5 | 37842 |

通过上表中的对比不难发现，在同一平台运营且开课期数相同的"英语语法与写作"和"新科学家英语：演讲与写作"在学习人数上存在显著差异，这可能与课程属性和学习者需求有一定关系。而学习人数最少的"思辨式英文写作"采用自主学习模式（self-paced），未与线下课程挂钩，且课程介绍与推广语言均为英语。可见，慕课制作与运营需要综合考虑上线平台、工作语言、与线下课程的关联等多种因素。

随着慕课的推广与发展，一些问题也逐渐显现。第一，慕课开发存在内容"同质化"倾向。国内英语写作慕课主要分为专门用途英语写作课程和通用英语写作课程两大类，导致课程内容选择和重难点讲解上存在较大相似性。第二，教学设计呈现"单一化"现象。目前，国内慕课平台的英语写作课程多以"师讲生听"的异步交互方式为主，对自主探究、协作学习和混合学习的重视不足，缺乏围绕师生、生生之间的同步交互教学设计（孙田琳子，2021）。因此，在慕课建设过程中需要转变思路，以终为始。以下是对上述挑战与问题的若干思考与建议。

首先，将慕课内容与目标学习者的学习需求紧密结合。避免慕课内容同质化的最佳方式是以目标学习者为中心，提供有针对性的教学内容。笔者通过问卷平台收集了拔尖学生在学术写作中最关心的问题，并围绕这些问题设计并录制了英语情景短剧。每节慕课视频都以一个短剧作为导入，再由主讲教师对短剧中学生视角提出的问题进行深入剖析和讲解，打造"注意力焦点"。这种"问题导入式慕课"实现了精准施策，有效弥补了拔尖学生的知识漏洞。

其次，课程教学应融合同步与异步两种信息交互方式。传统写作课堂注重知识传授，强调信息同步交互，但无法为学习者提供充足的时间完成知识内化与反思。慕课打破了教育的时空限制，支持信息异步交互，实现了知识的多渠道输入，降低了学生的学习焦虑；然而，由于缺乏实时互动沟通和有效监控，学生的学习效率可能受到影响。因此，教学设计应结合二者优势，以学生自学慕课为起点，将课堂作为交流信息、检验成效、互动反思和迁移创新的重要场所。此外，为强化交互环节的效果，每个慕课视频都伴随一个写作任务。学生独立完成任务后，可通过平台获取反馈；若遇到问题，可通过平台提问，与同伴讨论，并获取助教解答。这种多重交互是慕课区别于资源共享课的重要特点（马武林等，2014）。为促进学生积极参与同步讨论和异步合作，可将完成交互活动与过程性评价挂钩，并用电子档案袋记录学生的学习足迹。

教育信息化并非技术与教学的简单叠加，将教学情境纯粹变为展示现代技术的场所并不可行。慕课制作只是拔尖人才大学英语课程改革的基础环节，更重要的是探索如何有效将慕课融入新的课程体系，将价值塑造、知识传授和能力培养三者融为一体，使其作用最大化。

### 8.1.2 基于慕课的课程改革探索

笔者所在课程教学团队积极投入人才培养方案改革，借鉴并改编了谢萍（2020）提出的慕课混合学习模式结构图（见图8.1），进一步优化拔尖人才大学英语课程体系。团队注重信息技术与教育技术的深度融合，在构建智能化和开放性教学环境的同时，强调学生对知识的主动探索、主动发现以及对所学知识意义的主动建构，推动教育信息从"展示"向"互动"演进，构建有利于学习发生的有效机制，使人才培养与时俱进，更好地满足国家经济转型与科技发展的需求。

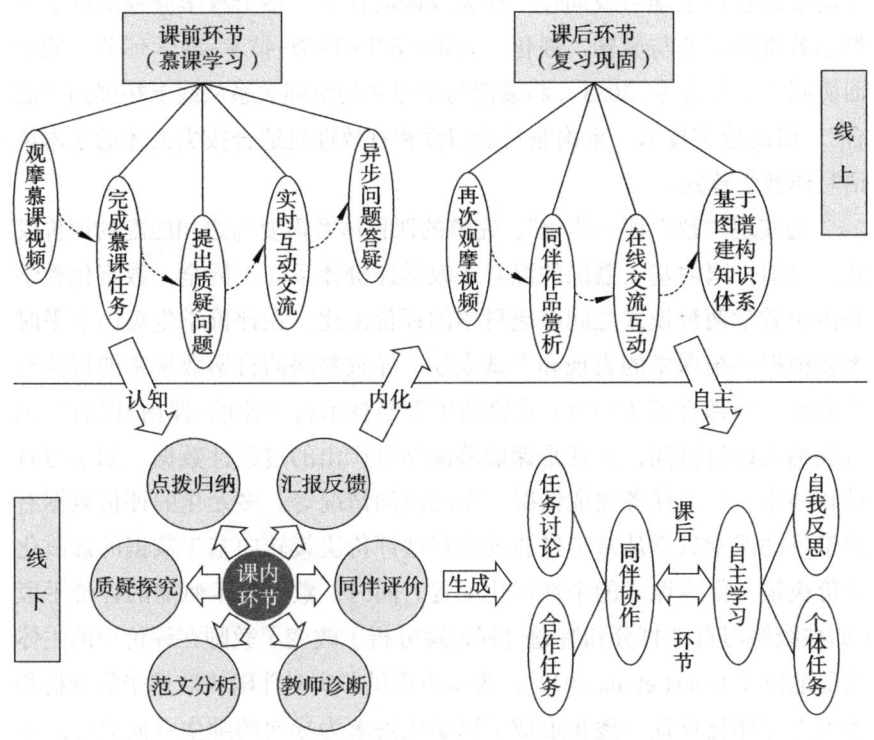

图 8.1　基于慕课的混合式学习推进模式结构图

图 8.1 展示了在物理和网络融合的空间中，基于慕课的混合式课程的静态教学内容和动态教学流程。随着慕课上线平台，学生需要在课前观看慕课视频，完成自学任务；如遇到问题，可以通过平台与同伴在线讨论或者获取助教的异步解答。在课内教学环节中，师生围绕慕课内容展开互动，通过质疑探究、范文分析、教师诊断、同伴评价、汇报展示和点拨归纳等活动，打破个体思维盲区，不断"联结"和"内化"学习内容，逐步形成新知（郑永和、王一岩，2023；谢萍，2020）。课内教学嵌入大量的信息交互和共享，旨在调动学生的主观能动性，加强师生交

往的动力（曹亚楠，2021）。课后环节分为线上和线下两个阶段。线上阶段聚焦知识的理解、巩固和内化，学生复习观看慕课视频，赏析同伴写作作品，开展线上实时交流。线下阶段则聚焦学习成果的验收，拔尖学生需要通过自主学习或同伴协作完成课后任务。整个教学流程推进了多模态数据的融通与流转，强化"教师-学生-环境-技术-教学环节"的全面协同（刘邦奇等，2023），将慕课与学习者的空间关系从线上拓展到"混合"，借助数字技术，重构兼具适切性和有效性且适合拔尖人才的学术英语写作教学范式。

为实现"教学评一体化"，完整的课程体系需要与之相匹配的评价模式。目前，国内基于慕课的混合式教学评价体系尚不健全，数字化教学和传统教学两种模式之间缺乏科学的评价配比。在评价学生英语水平时大多依据传统课堂的表现和考试成绩，导致慕课的自学效果未能得到充分体现。刘邦奇等（2023）建议利用智能技术将"课前-课内-课后"全过程纳入评价区间，尤其是课前慕课学习产出的过程性数据，如学习时长和频率、互动任务完成情况、在线提问情况等。多元化的评价数据有助于推动课堂教学从基于经验的主观性评价决策转向基于数据的诊改化评价决策，促成课堂的个性优化配置。同时，数字技术赋能的评价手段（如在线练习自动打分和答题过程追踪分析）改变了教师在评价中的主体支配地位（Albert et al., 2022），为师生提供了实时伴随式数据采集分析和多模态立体化反馈，逐步形成了以学生需求为导向的师生双向共生式课堂生态，为动态提升课堂生命力提供干预依据（曹亚楠，2021；武法提等，2023）。

### 8.1.3　课程数字化改革实践计划

"学术英语写作"课程的数字化转型仍处于雏形阶段，需要大量的教学实践进行深入探索。课程教学团队拟以北京师范大学240余名大学一年级拔尖新生为研究对象[1]，运用量化和质性混合的研究方法，就"如何

---

[1] 拔尖学生来自哲学、文学、历史、地理、数学、物理、化学、心理、经济等专业的"基础学科拔尖创新人才试验班"。

通过数字赋能的'学术英语写作'课程提升拔尖人才学术素养"这一问题展开三个学期[1]的教学行动研究。

行动研究数据主要来自五个方面。第一，学生问卷。问卷主要包括学生的学术品格、学术态度以及对于慕课和混合式教学的认知等。通过前导性研究检测问卷信效度后，在每学期初和学期末发放问卷，捕捉和追踪学生的变化轨迹。第二，学生访谈。根据问卷结果，选择10—15名学科专业背景各异且英语能力不同的拔尖学生进行深入访谈。访谈内容围绕学生对于数字化课程设置的认知和个人学术素养的变化展开。访谈问题由课程教学团队共同设计并选取部分拔尖学生进行前导性检测。访谈拟分六次进行，每学期初和学期末各开展一次。第三，教师日志。教师在实施教学过程中将周期性记录教师日志，内容涵盖慕课制作、课程讲授、学生反馈、教学评价的反思等内容。第四，学术写作测试。为确保测试难度的一致性，学术写作测试题由课程教学团队联合写作评价领域的专家共同设计，题型涵盖语篇改错、段落写作和议论文写作等。通过对比拔尖学生在学期前后的测试结果，评估其学术英语写作能力的变化，佐证其学术素养的提升。第五，基于数字信息手段的数据。主要包括慕课学习数据、在线互动和答疑情况等。基于上述数据，课程团队将通过"应用-反馈-改进-决策"等一系列行动，不断优化数字技术在大学英语混合式教学中的实际效用，聚焦"学术英语写作"课程各关键要素之间的相互促进作用，重塑课程架构，对拔尖人才的学术素养变化进行精准画像，从根本上实现人才培养的数字化、科学化及精准化。

综上所述，在教育信息化 3.0 的时代背景下，笔者所在教学团队将持续探索数字化学术英语资源的开发，制作教学短视频，运用信息技术手段丰富课堂组织和信息交互形式，为学生自主学习提供空间，逐步构建有助于拔尖学生学术素养提升的基于慕课的混合式大学英语课程体系。

---

1　由于"学术英语写作"课程只在每年秋季学期开设，因此，三个学期的教学行动研究将用三年完成。

## 8.2 结语与展望

坚持教育的数字化转型是新时代赋予教育者的重大使命，也是顺应时代潮流、全方位谋划拔尖人才科学培养路径的必然选择。国内学者提出，应立足国家人才战略发展计划，依托现代信息技术赋能高质量人才培养，从拔尖人才的学术素养出发，重塑教育教学形态，构建能够全面提升其学术素养的大学英语课程体系，探索适合基础学科拔尖创新人才学术素养提升的中国方案（祝智庭、胡姣，2022）。

教育数字化转型的核心在于课堂教学的数字化转型（Albert et al., 2022）。研究指出，数字智能环境能够活化课堂结构，赋予学生更多自主权，激活其内驱力，实现教学环境全要素泛在互联和智能感知（刘邦奇，2022）。因此，拔尖人才大学英语课程的数字化转型也应植根于课堂，充分利用信息技术手段提升拔尖学生对知识的理解力和创造力，拓宽其认知边界，激发其学习热情，聚力推动英语教学的高质量发展。

需要强调的是，实现拔尖人才的数字化培养离不开教师思想的转变。外语教师在工作中应始终保持对信息技术的积极态度（王海啸，2022），主动学习并掌握数字化教学工具，将现代化教学手段应用于课堂实践，不断提升自身信息素养，为数字化资源的开发与数字技术在课堂教学中的应用奠定基础，助力拔尖人才的快速成长与发展。只有培养出才华卓越的拔尖人才，才能在日益激烈的国际竞争中立于不败之地。他们的创新思维和实践经验将不断推动新技术和新理念的发展，提升国家在全球科技创新领域的地位与影响力。

# 参考文献

Albert, M. V., Lin, L., Spector, J. M., & Dunn, L. S. (2022). *Bridging Human Intelligence and Artificial Intelligence*. Switzerland: Springer Nature.

Allwright, R. (1982). Perceiving and pursuing learner's needs. In M. Geddes & G. Sturtridge (eds.). *Individualisation*. Oxford: Modern English Publications.

Al-Musalli, A. M. (2015). Taxonomy of lecture note-taking skills and subskills. *International Journal of Listening, 29* (3), 134-147.

Applebee, A. N., & Langer, J. A. (1983). Instructional scaffolding: Reading and writing as natural language activities. *Language Arts, 60* (2), 168-175.

Applebee, A. N. (1986). Problems in process approaches: Towards a reconceptualization of process instruction. In A. R. Petrosky & D. Bartholomae (eds.). *The Teaching of Writing: 85th Yearbook of the National Society for the Study of Education*. Chicago: University of Chicago Press.

Bachman, L. F., & Palmer, A. S. (1996). *Language Testing in Practice*. Oxford: Oxford University Press.

Bachman, L. F., & Palmer, A. S. (2010). *Language Assessment in Practice*. Oxford: Oxford University Press.

Bayraktar, A. (2012). Teaching writing through teacher-student writing conferences. *Social and Behavioral Sciences, 51*, 709-713.

Bazerman, C. (1985). Physicists reading physics: Schema-laden purposes and purpose-laden schema. *Written Communication, 2* (1), 3-23.

Black, P., & Wiliam, D. (1998). Assessment and classroom learning. *Assessment in Education: Principles, Policy & Practice, 5* (1), 7-74.

Black, P., & Wiliam, D. (2009). Developing the theory of formative assessment. *Educational Assessment, Evaluation and Accountability, 21* (1), 5-31.

Bloxham, S., & West, A. (2007). Learning to write in higher education: Students' perceptions of an intervention in developing understanding of assessment criteria. *Teaching in Higher Education, 12* (1), 71-89.

Breeze, R., & Guinda, C. S. (2017). *Essential Competencies for English-medium University Teaching.* Berlin & Heidelberg: Springer International Publishing.

Brown, J. D. (1995). *The Elements of Language Curriculum: A Systematic Approach to Program Development.* Boston: Heinle & Heinle Publishers.

Brown, G., & Yule, G. (1983). *Discourse Analysis.* Cambridge: Cambridge University Press.

Bruner, J. (1986). *Actual Minds, Possible Worlds.* Cambridge, MA: Harvard University Press.

Buck, G. (2001). *Assessing Listening.* Beijing: Foreign Language Teaching and Research Press.

Buck, G. A., & Trauth-Nare, A. E. (2009). Preparing teachers to make the formative assessment process integral to science teaching and learning. *The Journal of Science Teacher Education, 20* (5), 475-494.

Caffrey, E., Fuchs, D., & Fuchs, L. S. (2008). The predictive validity of dynamic assessment: A review. *The Journal of Special Education, 41* (4), 254-270.

Charles, M., & Pecorari, D. (2016). *Introducing English for Academic Purposes.* London: Routledge.

Cohen, J. (1988). *Statistical Power Analysis for the Behavioral Sciences ($2^{nd}$ ed.).* New Jersey: Lawrence Erlbaum.

Copland, F. (2012). Legitimate talk in feedback conferences. *Applied Linguistics, 33* (1), 1-20.

Cotterall, S., & Cohen, R. (2003). Scaffolding for second language writers: Producing an academic essay. *ELT Journal, 57* (2), 158-167.

Council of Europe (2001). *Common European Framework of Reference for Languages: Learning, Teaching, Assessment*. Cambridge: Cambridge University Press.

Davin, K. J. (2013). Integration of dynamic assessment and instructional conversations to promote development and improve assessment in the language classroom. *Language Teaching Research, 17* (3), 303-322.

Davis, K. M., Hayward, N., Hunter, K. R., & Wallace, D. L. (2010). The function of talk in the writing conference: A study of tutorial conversation. *The Writing Center Journal, 30* (1), 27-35.

Deckert, G. D. (1993). Perspectives on plagiarism from ESL students in Hong Kong. *Journal of Second Language Writing, 2* (2), 131-148.

Dobao, A. F. (2012). Collaborative writing tasks in the L2 classroom: Comparing group, pair, and individual work. *Journal of Second Language Writing,* 21 (1), 40-58.

Ellis, R. (1997). *The Study of Second Language Acquisition*. Oxford: Oxford University Press.

Erlam, R., Ellis, R., & Batstone, R. (2013). Oral corrective feedback on L2 writing: Two approaches compared. *System, 41* (2), 257-268.

Facione, P. A., & Facione, N. C. (1992). *The California Critical Thinking Disposition Inventory (CCTDI)—Test administration manual*. Millbrae, CA: California Academic Press.

Ferris, D., & Tagg, T. (1996). Academic listening/speaking tasks for ESL students: Problems, suggestions, and implications. *TESOL Quarterly, 30* (2), 297-320.

Feuerstein, R., Rand, Y., & Rynders, J. E. (1988). *Don't Accept Me as I Am: Helping Retarded Performers Excel*. New York: Plenum.

Field, J. (2013). Cognitive validity. In A. Geranpayeh & L. Taylor (eds.). *Examining Listening: Research and Practice in Assessing Second Language Listening* (pp. 77-151). Cambridge: Cambridge University Press.

Flowerdew, J. (1993). An educational, or process, approach to the teaching of professional genres. *ELT Journal, 7* (4), 305-316.

Flowerdew, J. (1994). Research of relevance to second language lecture comprehension: An overview. In J. Flowerdew (ed.), *Academic Listening: Research Perspectives* (pp. 7-29). Cambridge: Cambridge University Press.

Flowerdew, J., & Li, Y. (2007). Language re-use among Chinese apprentice scientists writing for publication. *Applied Linguistics, 28,* 440-465.

Frey, N., & Fisher, D. (2011). *The Formative Assessment Action Plan: Practical Steps to More Successful Teaching and Learning.* Virginia: ASCD.

Fulcher, G. (2003). *Testing Second Language Speaking.* London: Pearson Longman.

Gardner, H. (1999). *Intelligence Reframed.* New York: Basic Books.

Gardner, H. (2006). *The Development and Education of Mind.* New York: Routledge.

Goh, C., & Aryadoust, V. (2015). Examining the notion of listening subskill divisibility and its implications for second language listening. *International Journal of Listening, 29* (3), 109-133.

Graves, K. (2019). Recent Books on Language Materials Development and Analysis. *ELT Journal, 73,* 337-354.

Halliday, M. A. K. (2007). *Language and Society.* London: Continuum.

Hanjani, A. M., & Li, L. (2014). Exploring L2 writers' collaborative revision interactions and their writing performance. *System, 44* (1), 101-114.

Harwood, N. (ed.) (2010). *English Language Teaching Materials: Theory and Practice.* Cambridge: Cambridge University Press.

Hasson, N., & Dodd, B. (2014). Dynamic assessment of children with language impairments: A pilot study. *Child Language Teaching and Therapy, 26* (3), 249-272.

Hawkins, L. K. (2016). The power of purposeful talk in the primary-grade writing conference. *Language Arts, 94* (1), 8-21.

Huang, C. W., & Archer, A. (2017). "Academic literacies" as moving beyond writing: Investigating multimodal approaches to academic argument. *London Review of Education, 15* (1), 63-72.

Hutchinson, T., & Waters, A. (1987). *English for Specific Purposes—A Learning-centered Approach.* Cambridge: Cambridge University Press.

Hyland, K. (2004). *Genre and Second Language Writing.* Ann Arbor, MI: The University of Michigan Press.

Innami, Y., Kuizumi, R., & Nakamura, K. (2016). Factor structure of the Test of English for Academic Purposes (TEAP) test in relation to the TOEFL iBT test. *Language Testing in Asia.*

Jin, T., Liu, X., & Lei, J. (2020). Developing an effective three-stage teaching method for collaborative academic reading: Evidence from Chinese first-year college students. *Journal of English for Academic Purposes, 45,* 1-8.

Johns, A. M. (1991). English for specific purposes (ESP): Its history and contributions. In M. Celce-Murcia (ed.). *Teaching English as a Second or Foreign Language.* Boston: Heinle & Heinle.

Jordan, R. R. (1997). *English for Academic Purposes: A Guide and Resource Book for Teachers.* Cambridge: Cambridge University Press.

Jung, S. (2003). The role of discourse signaling cue in second language listening comprehension. *The Modern Language Journal, 87* (4), 562-577.

Kolb, D. A. (1984). *Experiential Learning: Experience as the Source of Learning and Development.* Englewood Cliffs, NJ: Prentice-Hall.

Kolb, D. A. (2005). *The Kolb learning Style Inventory—Version 3.1.* Boston: Hay Resources Direct.

Kress, G. (2003). *Literacy in the New Media Age.* London: Routledge.

Lantolf, J. P., & Poehner, M. E. (2004). Dynamic assessment of L2 development: Bringing the past into the future. *Journal of Applied Linguistics, 1* (1), 49-72.

Larsen-Freeman, D. (2005). *Teaching Language: From Grammar to Grammaring.* Boston, MA.: Thomson Heinle.

Lea, M. R. (2017). Academic Literacies in Theory and Practice. In B.V., Street & S., May (eds.), *Literacies and Language Education, Encyclopedia of Language and Education*, DOI 10.1007/978-3-319-02252-9_19.

Lea, M. R., & Street, B. V. (1998). Student writing in higher education: An academic literacies approach. *Studies in Higher Education, 23* (2), 157-172.

Lei, W. & Soontornwipast, K. (2020). Developing an evaluation checklist for English majors' textbooks in China: Focus on intercultural communicative competence. *Arab World English Journal (AWEJ), 11* (3), 92-116.

Lillis, T. (2003). Student writing as "academic literacies": Drawing on Bakhtin to move from critique to design. *Language and Education, 17* (3), 192-207.

Linn, R., & Gronlund, N. (1995). *Measurement and Assessment in Teaching (7$^{th}$ ed.)*. Englewood Cliffs, N. J.: Merrill.

Littlejohn, A. (2022). The analysis and evaluation of language teaching materials. In J. Norton & H. Buchanan (eds.). *The Routledge Handbook of Materials Development for Language Teaching* (pp. 263-276). New York: Routledge.

Lynch, T. (2011). Academic Listening in the 21$^{st}$ century: Reviewing a decade of research. *Journal of English for Academic Purposes, 10* (2), 79-88.

Macpherson, R., & Stanovich, K. E. (2007). Cognitive ability, thinking dispositions, and instructional set as predictors of critical thinking. *Learning and Individual Differences, 17*, 115-127.

Maliborska, V., & You, Y. (2016). Writing Conferences in a Second Language Writing Classroom: Instructor and Student Perspectives. *TESOL Journal, 7* (4), 874-897.

Marshall, S. (1991). A genre-based approach to the teaching of report writing. *English for Specific Purposes, 10* (1), 3-13.

Mason, A. (1995). By dint of: Student and lecturer perceptions of lecture comprehension strategies in first-term graduate study. In J. Flowerdew (ed.). *Academic listening: Research Perspectives*. Cambridge: Cambridge University Press.

Munby, J. (1978). *Communicative Syllabus Design*. Cambridge: Cambridge University Press.

Murray, N. (2016). *Standards of English in Higher Education: Issues, Challenges and Strategies*. Cambridge: Cambridge University Press.

Naeini, J. (2014). On the study of DA and SLA: Feuerstein's MLE and EFL learners' reading comprehension. *Procedia-Social and Behavioral Sciences*, 98, 1297-1306.

Nesi, H. & Gardner, S. (2006). Variation in disciplinary culture: University tutors' views on assessed writing tasks. In R. Kiely, G. Clibbon, P. Rea-Dickins, & H. Woodfield (eds.), *Language, Culture and Identity in Applied Linguistics (Vol. British Studies in Applied Linguistics)* (pp. 99-107). London: Equinox Publishing.

Nesi, H., & Gardner, S. (2012). *Genres Across the Disciplines: Student Writing in Higher Education*. Cambridge: Cambridge University Press.

Nesi, H., Gardner, S., Thompson, P., & Wickens, P. (2007). *The British Academic Written Corpus*. Retrieved from Oxford University Computing Services: http://ota.ahds.ac.uk/headers/2539.xml.

Ostler, S. E. (1980). A survey of academic needs for advanced ESL. *TESOL Quarterly*, 14 (4), 489-502.

Paltridge, B. (1996). Genre, text type, and the language learning classroom. *ELT Journal*, 50 (3), 237-243.

Park, I. (2012). Asking different types of polar questions: The interplay between turn, sequence, and context in writing conferences. *Discourse Studies*, 14 (5), 613-633.

Paul, R., & Elder, L. (2006) *The Miniature Guide to Critical Thinking: Concepts and Tool*. California: The Foundation for Critical Thinking.

Phillips, D.K., & Larson, M. L. (2013). The teacher-student writing conference reimaged: Entangled becoming-writing conferencing. *Gender and Education*, 25 (6), 722-737.

Poehner, M. E. (2011). Dynamic Assessment: Fairness through the prism of mediation. *Assessment in Education: Principles, Policy & Practice, 18* (2), 99-112.

Pennycook, A. (1994) *The Cultural Politics of English as an International Language.* London: Longman.

Pennycook, A. (1996). Borrowing others' words: Text, ownership, memory, and plagiarism. *TESOL Quarterly, 30* (2), 201-230.

Powers, D. E. (1986). Academic demands related to listening skills. *Language Testing, 3* (1), 1-38.

Raoofi, S., & Maroofi, Y. (2017). Relationships among motivation (self-efficacy and task value), strategy use and performance in L2 writing. *Southern African Linguistics and Applied Language Studies, 35* (3), 299-310.

Read, S. (2010). A model for scaffolding writing instruction: IMSCI. *The Reading Teacher, 64* (1), 47-52.

Read, J. (2015). *Assessing English Proficiency for University Study.* Palgrave: Macmillan.

Richards, J. C. (1983). Listening comprehension: Approach, design, procedure. *TESOL Quarterly, 17* (2), 219-240.

Richards, J. C. (1995). Easier said than done: An insider's account of a textbook project. In Hidalgo, A., Hall, D. and Jacobs, G. (eds), *Getting Started on Materials Writing.* Singapore: RELC.

Richards, J. C. (2006). *Communicative Language Teaching Today.* Cambridge: Cambridge University Press.

Richards, J. C., Platt, J., & Platt, H. (1992). *Longman Dictionary of Language Teaching and Applied Linguistics.* London: Longman.

Sahragard, R., & Heidari, K. (2017). How much mediation in dynamic assessment for gifted students? Up to critical thinking please! *Gifted Education International, 33* (1), 34-44.

Sawaki, Y., Kim, H. -J., & Gentile, C. (2009). Q-Matrix construction: Defining the link between constructs and test items in large-scale reading and listening comprehension assessments. *Language Assessment Quarterly, 6* (3), 190-209.

Shepard, L. A. (2000). The role of assessment in a learning culture. *Educational Researcher, 29* (7), 4-14.

Siegel, J. (2016). A pedagogic cycle for EFL note-taking instruction. *ELT Journal, 70* (3), 275-286.

Siegel, J. (2018a). Teaching lecture notetaking with authentic materials. *ELT Journal, 73* (2), 124-133.

Siegel, J. (2018b). Did you take "good" notes? On methods for evaluating student notetaking performance. *Journal of English for Academic Purposes, 35*, 85-92.

Slavich, G. M., & Zimbardo, P. G. (2012). Transformational teaching: Theoretical underpinnings, basic principles, and core methods. *Educational Psychology Review, 24*, 569-608. doi:10.1007/s10648-012-9199-6.

Snow, C., & Uccelli, P. (2009). The Challenge of Academic Writing. In D. R. Olson, & N. Torrance (eds.), *The Cambridge Handbook of Literacy* (pp. 112-133). New York: Cambridge University Press.

Sperling, M. (1991). Dialogues of deliberation: Conversation in the teacher-student writing conference. *Written Communication, 8* (2), 131-162.

Stapleton, P. (2001). Assessing critical thinking in the writing of Japanese university students insights about assumptions and content familiarity. *Written Communication. 18* (4), 506-548.

Stiggins, R. J. (1994). *Student-centered Classroom Assessment.* New York: Merrill.

Su, Y. (2015). An investigation into the contents and aspects of college students' reflective thoughts during field experience. *Innovations in Education and Teaching International, 52* (3), 322-334.

Swain, M. (2001). Integrating language and content teaching through collaborative tasks. *The Canadian Modern Language Review, 58* (1): 44-63.

Swales, J. (1990). *Genre Analysis: English in Academic and Research Settings*. Cambridge: Cambridge University Press.

Swales, J. M., & Feak, G. B. (2012). *Academic Writing for Graduate Students: Essential Tasks and Skills*. Ann Arbor: The University of Michigan Press.

Taylor, L. (2019). *"Framing Academic Literacy: Considerations and Implications for Language Assessment"*, CRELLA Spring Research Seminar. (https://uobrep.openrepository.com/bitstream/handle/10547/623720/taylor-assessing-academic-literacy-final.pdf?sequence=2).

Tedick, D. J., Johnson, R. K., & Swain, M. (1997). *Immersion Education: International Perspectives*. Cambridge: Cambridge University Press.

Thompson, S. E. (2003). Text-structuring metadiscourse, intonation, and the signaling of organization in academic lectures. *Journal of English for Academic Purposes, 2* (1), 5-20.

Tomlinson, B. (2003). *Developing Materials for Language Teaching*. London: Continuum.

Tomlinson, B. (2011). *Materials Development in Language Teaching ($2^{nd}$ ed.)*. Cambridge: Cambridge University Press.

Tomlinson, B. (2012). Materials development for language learning and teaching. *Language Teaching, 45* (2), 143-179.

Tomlinson, B. (2016). The importance of materials development for language learning. In M. Azaranoosh, et al. (eds.) *Issues in Materials Development (pp: 1-9)*. Rotterdam: Sense Publishers.

van Compernolle, R. A., & Zhang, H. (2014). Dynamic assessment of elicited imitation: A case analysis of an advanced L2 English speaker. *Language Testing, 31* (4), 395-412.

Vygotsky, L. S. (1978). *Mind in Society: The Development of Higher Psychological Processes*. Cambridge, MA: Harvard University Press.

Wang, C., Kim, D., Bai, R., & Hu, J. (2014). Psychometric properties of a self-efficacy scale for English language learners in China. *System, 44*, 24-33.

Wette, R. (2014). Teachers' practices in EAP writing instruction: Use of models and modeling. *System, 42* (1), 60-69.

Weideman, A. (2006). Assessing academic literacy: A task-based approach. *Language Matters: Studies in the Languages of Southern Africa, 37* (1), 81-101.

Weigle, S. C. (2011). *Assessing Writing*. Beijing: Foreign Language Teaching and Research Press.

Weir, C.J. (1983). *Identifying the Language Problems of Overseas Students in Tertiary Education in the UK*. Unpublished PhD dissertation. University of London.

Wigglesworth, G., & Storch, N. (2009). Pair versus individual writing: Effects on fluency, complexity and accuracy. *Language Testing, 26* (3), 445-466.

Williams, M., Lockhart, P., & Martin, C. (2015). Digital teaching tools and global learning communities. *F1000Research, 4*:59, DOI: 10.12688/f1000research.6150.2.

Wright, S. & Dean, K. L. & Forray, J. M. (2022). Negative student emotions and educator skill in experiential education: A taxonomy of classroom activities. *Higher Education, 83*, 987-1002.

Yeh, C. (2016). EFL college students' experiences and attitudes towards teacher-student writing conferences. *Journal of Response to Writing, 2*( 2), 37-65.

Young, L. (1995). University lectures: Macro-structure and micro-features. In J. Flowerdew (ed.), *Academic Listening: Research Perspectives* (pp. 159-176). Cambridge: Cambridge University Press.

蔡基刚.（2011）. 转型时期的大学英语教材编写理念问题研究. 外语研究（5）, 5-10.

蔡基刚.（2012a）. 基于需求分析的大学ESP课程模式研究. 外语教学（3）, 47-50.

蔡基刚.（2012b）."学术英语"课程需求分析和教学方法研究. 外语教学理论与实践（02）, 30-35+96.

曹亚楠.（2021）. 人工智能时代师生关系弱化的危险及规避. 当代教育科学（12）, 20-26.

常福良.（2006）.西班牙语全方位浸泡式教学理念及模式.首都师范大学学报（社会科学版）S3，87-91.

常远.（2018）.大学英语教材的生态评估.外国语文（双月刊），34（5），147-154.

陈冰冰.（2010）.大学英语需求分析模型的理论建构.外语学刊（02），120-123.

陈炼.（2005）.基于建构主义理论的过程性评价.黑龙江教育（4），16-18.

陈平原.（2020）.与时代同行的学术史研究.探索与争鸣（12），80-86.

邓磊、钟颖.（2020）."强基计划"对高校人才选拔与培养的价值澄明与路径引领.大学教育科学（05），40-46.

董连忠、齐放、张军.（2023）.英语通用语视角下 Brian Tomlinson 的教材开发原则述评及启示.当代外语研究（06），108-117.

杜金榜.（1999）.外语教学中的诊断性测试.外语教学与研究（04），40-43.

恩斯特·卡西尔.（z2004）.人论（甘阳译），第185页.上海：上海译文出版社.

范能维、王爱琴.（2017）.国标背景下英语专业课程模块设计与思辨能力培养融合的探索.外语界（01），7-14.

范祖承.（2019）.产出导向法教材使用理论在大学英语思辨性读写教学中的应用.外语教育研究前沿，2（1），38-43.

高姝.（2018）.拔尖人才外语跨文化交际能力培养模式探究——以齐齐哈尔大学英才班大学英语课堂为例.理论观察（8），174-176.

高霄.（2022）.学术素养培养导向的学术英语阅读教学有效性实证研究.中国 ESP 研究（26），17-23.

葛艳.（2011）.多元智能理论视阈下的大学英语精品课建设.黑龙江高教研究（12），166-167.

顾世民、李莉萍.（2018）.英语写作策略与写作自我效能感的相关性研究——一项基于数据分析的实证研究.外语电化教学（02），25-31+90.

郭春彦、朱滢、王全珍.（2002）.差数显著性 t 检验与元分析方法的模拟对比. 心理学报 32（2），155-159.

国家中长期教育改革和发展规划纲要工作小组.（2010-02-28）.国家中长期教育改革和发展规划纲要（2010-2020）（公开征求意见稿）. 人民日报. http://www.gov.cn/jrzg/2010-02/28/content_1544191.htm.

郭乙瑶、林敦来.（2016）.北京师范大学大学英语测试体系建构：理论与实践. 北京：外语教学与研究出版社.

韩宝成.（2009）.动态评价理论、模式及其在外语教育中的应用. 外语教学与研究，41（6），452-458.

韩宝成、魏兴.（2021）.整体外语教学视阈下的大学英语论说语类教学探讨. 外语教学 42（04），50-56.

韩金龙、秦秀白.（2000）.体裁分析与体裁教学法. 外语界（01），11-17.

韩萍、侯丽娟.（2012）.从体裁分析角度探索研究生学术英语写作能力培养. 外语界（06），4-80.

何克抗.（2004）.关于建构主义的教育思想与哲学基础——对建构主义的再认识. 现代远程教育研究（03），2-16.

何琼、张荔.（2022）.基于产出到想法的主题式演讲教学设计融入课程思政实践探索. 外语与翻译（4），65-72.

黄红兵、邓鸥翔.（2022）.我国大学英语写作慕课建设现状与优化策略探究. 外语电化教学（04)），80-88.

胡庚申.（1992）.怎样进行国际交流：国际交流"how-to"电视讲座. 北京：北京工业大学出版社.

胡开宝.（2018）.论外语专业教育的人文性和科学性. 外语教学与研究（03），424-425.

贾蕃.（2017）.大学英语课堂生态发展研究：教材的视角. 教育理论与实践 37（30），48-50.

贾蕃.（2022）.中国外语教材评估研究 30 年（1990—2020）. 当代外语研究（1），83-92.

蒋峥裕、廖泽萍、饶丹、罗芯敏、喻晓琴.（2023）.基于新课标与多元智能理论的小学教学评价语言探索.中小学心理健康教育（12），72-75.

姜以实、张浩敏、金檀.（2023）.学术英语阅读素材的难度调控范式与智能应用探索.语言测试与评价（1），89-102.

教育部高等学校大学外语教学指导委员会.（2020）.大学英语教学指南（2020版）.高等教育出版社.

金艳.（2013）.大学英语课程评价体系的构建.山东外语教学，34（05），56-62.

金艳、揭薇.（2017）.中国英语能力等级量表的"口语量表"制定原则和方法.外语界（02），10-19.

金晓宏.（2016）.非英语专业大学生对不同形式英语写作评改反馈的接受程度研究.外语研究（05），58-62.

雷金火、黄敏.（2022）.中国拔尖创新人才培养：实践、困境、优化——基于中国部分一流大学人才培养实践的研究.上海师范大学学报（哲学社会科学版）（4），126-135.

李航.（2014）.大学生英语写作自我效能感量表的编制.北京第二外国语学院学报（12），70-76.

李鸿杰.（2011）.基于多元智能理论的大学英语自主学习评价体系构建.山西财经大学学报 33（S2），82-84.

李玲.（2009）.支架理论在SAT写作教学中的应用.教育与教学研究（6），74-76.

李明媚、李世勇、龚敏.（2022）.拔尖创新人才核心素养及培育路径：基于茨格勒理论.高教学刊 8（33），156-160.

李清华.（2013）.当代过程性评估的理论与实践——《过程性评估手册》评述.外语测试与教学（04），60-64.

李圣恩.（2009）.辩论对英语教学促进作用的探析.中国成人教育（8），129-130.

李韬、赵雯.（2019）.国内学术英语研究述评.外语电化教学（187），22-27.

林崇德. (2006). 思维心理学研究的几点回顾. 北京师范大学学报（社会科学版）(5), 35-42.

林崇德. (2016). 21世纪学生发展核心素养研究. 北京：北京师范大学出版集团.

刘邦奇. (2022). 智慧课堂生态发展：理念、体系构成及实践范式——基于技术赋能的智慧课堂理论与实践十年探索. 中国电化教育（10), 72-78.

刘邦奇、张金霞、胡健、朱广袤. (2023). 数字化转型背景下教育评价服务生态发展理念与路径——基于教育评价改革和教育信息化行业数据分析视角. 中国教育信息化 29 (05), 41-52.

刘春晖. (2015). 大学生信息素养与创造性问题提出能力的关系——批判性思维倾向的调节效应. 北京师范大学学报（社会科学版）(1), 55-61.

刘建达、吴莎（主编）(2019). 中国英语能力等级量表研究. 北京：高等教育出版社.

刘森、武尊民. (2017). 国外语言动态评价的最新研究. 现代外语（06), 837-847+874.

刘义、赵炬明. (2010). 大学生批判性思维倾向的现状调查——以一所地方综合性大学为例. 高等工程教育研究（1), 81-85.

罗伯特·马扎诺、约翰·肯德尔. (2012). 教育目标的新分类学. 北京：高等教育出版社.

罗明江、罗朗. (2015). 英国高校学术写作和学术素养模式研究. 黑龙江高教研究（03), 59-61.

罗清旭、杨鑫辉. (2001).《加利福尼亚批判性思维倾向问卷》中文版的初步修订. 心理发展与教育（3), 47-51.

马冬梅、汪慧莹. (2021). 关于我国大学生对诊断性英语口语能力评价的需求分析. 中国外语 18 (3), 71-78.

马江涛、马广惠. (2018). 以评促学：依托项目的英语教学过程性评价研究. 西南交通大学学报（社会科学版）(06), 105-112.

马武林、李艳、蒋艳.（2014）. 国际MOOCs教学设计优势及其问题分析——以美国杜克大学"英语写作I：获取专业知识"为例. 电化教育研究 35（09），43-46.

马永霞、葛于壮、梁晓阳.（2024）. 高校拔尖创新人才培养的价值内涵、实践审视与路径优化. 西北工业大学学报（社会科学版）（2），30-37.

苗宁、苗兴伟.（2015）. 基于思辨能力层级模型的语言学课程改革与设计. 中国外语 12（4），10-15.

穆从军.（2023）. 读后创写思辨能力培养模式及其有效性研究. 外语教学与研究（外国语文双月刊）55（2），225-237.

彭美慈、汪国成、陈基乐、陈满辉、白洪海、李守国、李继平、蔡芸芳、王君俏、殷磊.（2004）. 批判性思维能力测量表的信效度测试研究. 中华护理杂志 39（9），644-647.

祁颖、谷珍、王雪燕.（2014）. 关于我国大学英语教材评价研究的几点思考. 上海理工大学学报（社会科学版）（03），272-276.

秦丽莉、赵迎旭、高洋、王永亮.（2023）社会文化理论指导的大学英语课程思政教学有效性研究路径. 解放军外国语学院学报 46（1），78-86.

秦朝霞.（2009）. 国内大学英语写作研究现状及发展趋势分析. 现代外语 32（2），195-204.

曲鑫、张凤娟、王旭.（2013）."拔尖实验班"的大学外语培养模式探索和教学效果研究. 中国外语，10（05），13-18.

束定芳.（2011）. 德国的英语教学及其对我国外语教学的启发. 中国外语（1），4-10.

束定芳.（2023）. 教育生态理论视角下的中国外语教材理论体系构建. 外国语 46（6），20-32.

苏仰娜.（2016）. 基于多元智能理论与Moodle平台活动记录的翻转课堂学习评价研究——以"多媒体课件设计与开发"课程实践为例. 电化教育研究 37（04），77-83.

孙田琳子.（2021）.在线课程视频交互方式的现状及优化策略.中国远程教育（01），57-65.

孙厌舒、王俊菊.（2015）.二语写作体裁教学研究的回顾与反思.解放军外国语学院学报（1），44-50.

孙有中、刘建达、韩宝成、张文霞、彭青龙、李莉文、孙旻.（2013）.创新英语专业测评体系，引领学生思辨能力发展——"英语测评与思辨能力培养"笔谈.中国外语 10（1），4-9.

谈宏慧、黎师然、贺荣昭.（2021）.基于电子档案袋的外语教学评价研究.外语电化教学（03），89-95.

汤欣.（2012）.诊断性评价在英语学习者语音意识培养中的实验研究.内蒙古师范大学学报（教育科学版）25（08），123-125.

田华.（2012）.体验式英语教学理论研究.山西财经大学学报 34（2），69.

田朝霞.（2019）.思维争艳、国际视野、中西融合——英语辩论的教育意义.中国大学教学（01），69-73，92.

汪福秀.（2015）.大学生批判性思维能力的结构性分析——基于一所省属高校大学生批判性思维倾向的问卷调查.武汉商学院学报 29（3），77-80.

王博佳.（2019）.口语思辨"一体化"教学对议论文写作反哺性的实证研究——基于思辨模型和产出导向法理论外语教学 40（05），51-56.

王海啸.（2022）.大学英语教师信息素养框架与核心内涵初探.外语电化教学（06），31-38.

王华.（2018）.中国大学生学术英语口语需求调查.西安外国语大学学报（01），81-87.

王华、金艳.（2020）.学术英语口语特征描述：以中国英语能力等级量表为例.北京第二外国语学院学报（05），18-31.

王蔷、胡亚琳.（2017）.英语学科能力及其表现研究.教育学报（02），61-70.

王胜利.（2021）.从坎宁斯沃思教材评估体系看《新视野大学英语》（第三版）的双文化图式构建.高教学刊（22），82-85.

王胜利、赵勇.（2006）. 目前中国大学英语教材评估的困境和出路——兼评坎宁斯沃思的教材评估标准. 中国大学教学（5），57-60.

王文、张清、史静寰.（2014）. 基于学习过程的基础学科拔尖人才培养研究——以山东大学泰山学堂为例. 大学教育科学（02），58-64.

王新凤.（2023a）. 我国高校拔尖创新人才自主培养模式与实践难点. 中国高教研究，（07），39-45.

王新凤.（2023b）. 我国高校拔尖创新人才选拔政策变迁与机制优化. 北京师范大学学报（社会科学版）（4），29-39.

王新凤、钟秉林.（2023）. 拔尖创新人才选拔培养的政策协同研究. 清华大学教育研究 44（1），38-45.

王银泉、王薇、张丽冰.（2016）. 基于需求分析的大学英语多元化教学模式探析. 外语教学，37（5），42-47.

文秋芳.（1999）. 英语口语测试与教学. 上海：上海外语教育出版社.

文秋芳.（2008）. 论述外语专业研究生高层次思维能力的培养. 学位与研究生教育（10），29-34.

文秋芳、王建卿、赵彩然、刘艳萍、王海妹.（2009）. 构建我国外语类大学生思辨能力量具的理论框架. 外语界（01），37-43.

文秋芳.（2011）.《文献阅读与评价》课程的过程性评估：理论与实践. 外语测试与教学（04），39-49.

文秋芳.（2015）. 构建"产出导向法"理论体系. 外语教学与研究（04），547-558.

文秋芳.（2017）."产出导向法"教学材料使用与评价理论框架. 中国外语教育（02），17-23+95-96.

文秋芳.（2018）. 对中国特色外语教育创新的思考. 外语教学与研究 50（03），421-422.（本文参见 2018 年《外语教学与研究》第 50 卷第 3 期中《新时代中国特色外语教育：理论与实践》一文）

文秋芳.（2022）. 首届全国教材建设奖先进个人文秋芳教授访谈. 外语教育研究前沿（5），23-28.

文秋芳、毕争.（2023）.云共同体教师学习过程性评估框架与应用.外语界（02），8-15.

文秋芳、张伶俐.（2016）.外语专业大学生思辨倾向变化的跟踪研究.外语电话教学（2），3-8.

武法提、田浩、高姝睿.（2023）.教育数字化转型下的智慧教育形态：关键特征与生成途径.中国基础教育（01），33-37.

吴岩.（2018）.建好用好学好国家精品在线开放课程：努力写好高等教育"奋进之笔".中国大学教学（01），7-9.

吴岩.（2019）.新使命 大格局 新文科 大外语.外语教育研究前沿2（02），3-7.

吴育红、顾卫星.（2011）.合作学习降低非英语专业大学生英语写作焦虑的实证研究.外语与外语教学（06），51-55.

伍忠杰、高照、李京南、吴晶（2010）.体验式外语教学模式探索与实践.中国外语7（1），61-67.

夏晓燕、林敦来 & 郭乙瑶.（2019）.非英语专业研究生通用学术英语听力校本测评体系开发.外语教育研究前沿（011），66-72+89-90.

向本琼、王英典、夏敏.（2013）.北京师范大学生物学拔尖人才培养的探索.高校生物学教学研究（电子版）（03），6-8.

肖磊、王宁.（2021）.中国教材分析：历程回顾与未来展望.课程.教材.教法，41（10），42-50.

肖琼、黄国文.（2020）.关于外语课程思政建设的思考.中国外语，17（5），10-14.

谢萍.（2020）.基于慕课的混合式学习在英语学科教育课程中的应用研究.外语教育研究前沿（3）2，43-49.

徐昉.（2011）.英语写作教学法的多视角理论回顾与思考.外语界（02），57-64.

徐鹰、章雅青.（2020）.过程性评估在学术英语教学中的应用.西安外国语大学学报，28（1），61-66.

杨华、文秋芳.（2013）.课堂即时过程性评估研究述评：思考与建议.外语教学理论与实践（03），33-38.

杨惠中、朱正才、方绪军.（2012）.中国语言能力等级共同量表研究：理论、方法与实证研究.上海：上海外语教育出版社.

杨永林、董玉真.（2010）."以读促写，以写促读"——"体验英语"视角下的教学模式新探.中国外语，7（1），13-21.

杨圆、徐冰.（2020）.图式理论视角下任务型阅读教学模式研究.外语学刊（2），73-79.

姚小萍.（2017）.高校拔尖创新人才培养组织模式类型辨析.现代教育科学（02），120-124.

尹青梅.（2007）."支架"理论在CAI英语写作教学中的应用.外语电化教学（01），28-31.

于海琴、代晓庆、邵丽婷、牛慧娟.（2016）.拔尖大学生的学习特征与类型：与普通班的比较.复旦教育论坛（5），39-44.

于华.（2012）.境外多元智能理论的研究进展及其启示教育研究与实验.教育研究与实验（03），92-95.

余继英.（2014）.写作思辨"一体化"教学模式构建.外语界（05），20-28.

张建琴.（2013）.中国高中英语教育过程性评价实施情况研究.课程·教材·教法（09），60-67.

张荔.（2017）.学术英语交际课程过程性评估模式及效果研究.中国外语（02），72-80.

张娜.（2009）.高职英语口语教学中过程性评价模式探索.东南大学学报（哲学社会科学版），11（S2），221-223.

张艳红.（2010）.大学英语写作教学的动态评价体系建构.解放军外国语学院学报（01），46-50+127-128.

张英、程慕胜、李瑞芳.（2000）.写作教学中的反馈对教学双方认知行为的影响.外语界（01），24-28+40.

赵薇、李越.（2019）.中国留英硕士生学术素养和身份转变研究.清华大学教育研究40（01），79-86.

郑永和、王一岩.（2023）.智能时代教育信息科学与技术的战略定位与发展方向.远程教育杂志41（03），12-20.

中华人民共和国教育部，国家语言文字工作委员会.（2018）. 中国英语能力等级量表（国家语言文字规范 GF0018—2018）. 北京：高等教育出版社.

中国政府网.（2003）. 中共中央国务院关于进一步加强人才工作的决定. https://www.gov.cn/test/2005-07/01/content_11547.htm.

钟启泉.（2018）. 核心素养十讲. 福建：福建教育出版社.

钟秉林、陈枫、王新凤.（2023）. 我国拔尖创新人才培养体系的本土经验与理论构建. 中国远程教育 12，1-9.

仲伟合.（2013）. 拔尖创新型国际化人才培养模式的探索与实践——以广东外语外贸大学为例. 广东外语外贸大学学报 24（01），98-101.

周遂.（2005）. 图式理论与二语写作. 外语与外语教学（2），21-24.

祝智庭、胡姣.（2022）. 教育数字化转型：一个划时代的教育范式跃迁. 中国教育政策评论（01），3-21.

邹晓燕、陈坚林.（2016）. 基于两种需求的大学英语生态化课程构建研究. 外语教学 37（3），51-55.

# 附 录

## 附录一　Argumentative Essay Peer-review Checklist

Author: _____　　　Reviewer: _____

**1. Introduction**

 (1) Background information to introduce issue　　_____

 (2) Thesis statement and plan of development　　_____

**2. Body**

 (1) First supporting point

  1) Topic sentence　　_____

  2) Evidence (facts and figures with source)　　_____

  3) Concluding sentence　　_____

 (2) Second supporting point

  1) Topic sentence　　_____

  2) Evidence (facts and figures with source)　　_____

  3) Concluding sentence　　_____

 (3) Counter-argument and refutation

  1) A specific counter argument　　_____

  2) Your refutation with supportive evidence　　_____

  3) Concluding sentence　　_____

**3. Conclusion**

(1) Summarize thesis _____

(2) Comment on significance of the topic _____

---

Other requirements

a. Did the author specify the counter argument?
b. Did the author avoid 1$^{st}$ and 2$^{nd}$ personal pronounces as well as the usage of "I think," "in my opinion" etc.?
c. Did the author provide source of the evidence?
d. Is there any sentence fragment?
e. Did the author use correct word forms?
f. Is there any problem with tense and verb agreement?
g. Is there any sentence or expression that you think a native speaker of English may not be able to understand?

## 附录二 "浸泡式英语强化课程"教学内容及评价标准样本

**Module 3: How to better advertise your skills—reframing how you present your narrative to others?**

**Objective**

This module will consider the different ways companies and entities promote themselves through advertising, in order to emulate and apply those principles for individual advancement. Students will learn to better describe themselves and their abilities in a coherent, positive and professional manner. Students will learn to identify their "Soft Skills" and "Hard Skills" in groups—recognition of current and potential skills whilst considering how they can gain new skills. Students will consider appropriate vocabulary for different contexts and how best to present their shortcomings in a positive way. Students will be required to take notes, plan and prepare to write up short descriptions of their character traits and "Hard/Soft Skills" for both academic and workplace environments.

**Contents**

✓ Core basic principles of self-promotion.
✓ Explanation and examples of Soft/Hard skills/Transferable skills.
✓ Exploratory group exercise on how to recognise personal Soft/Hard skills.
✓ Writing exercise-context appropriate personal profiles and group discussions/feedback.

**Evaluation criteria**

Total 10 points
- 2 points for attendance (1 for each 45-minute session)
- 3 points for participation in group discussions (3=Interactive/supportive, 2=Engaged, 1=Reclusive/procrastinating, 0= Non-participative/asleep)
- 5 points for completion written description of skills and character.

# 附录三 "浸泡式英语强化课程"终期考核及评价标准样本

**Background**

**UNCLOS, ISA, and the Negotiations for Deep Sea Mining Rules**

In the 1860s, science fiction author Jules Verne predicted in his book, *20,000 Leagues Under the Sea*, the existence of a vast amount of mineral resources sufficient to meet the needs of all humankind. He postulated that minerals such as iron, copper, gold, silver, titanium, and many others would be discovered and mined in future years. A century later, American geologist John L. Mero published *The Mineral Resources of the Sea*, advocating for mining the seabed to begin. Ambassador Arvid Pardo of Malta then spoke at the United Nations, asking for "the common heritage of mankind" to be protected from domination by any one country. That vision was later realized with the implementation of the United Nations Convention on the Law of the Sea (UNCLOS), active since 1994, and the creation of the International Seabed Authority (ISA). Countries must sign a contract with ISA to be formally allowed to mine deep-sea minerals.

In October 2019, news stories were published about China potentially becoming the first country in world history to begin mining the deep sea. Chinese firms currently hold five of the thirty contracts already executed with ISA. ISA is currently finalizing the rules for seabed extractions with a target effective date of July 2020, at which point deep-sea mining could begin in earnest. Students will have the opportunity to practice the debate for finalizing these rules.

**Structure**

**The Presentation Scenario—Debate Statements & Roundtable Discussions**

Students will have the opportunity to role-play as delegates and observers to an ISA meeting about finalizing the deep-sea mining rules. The students' objectives are simple: deliver a final debate on the set of regulations for deep-sea mining to begin, or advocate for what specific rules need further improvements and study. During the debate, each delegate or observer, using updated information from research done throughout the week, must present the key reasons why overall approval or specific rules improvements should be considered. Outside guests may be invited to observe some of the final presentations.

## Assessment [100 points]

| | Excellent–12 points | Good–8-11 points | Fair–4-7 points | Poor–0-3 points |
|---|---|---|---|---|
| Role Play 12 pts 30% | - All information from speaking is relevant to the current state of affairs for the rules being advocated; no position errors<br>- Sufficient informaton is provided to support the points of the discussions the delegate participates in<br>- Speaking is in-depth and beyond the obvious; strong revelations from the insights discussed | - All information from speaking is mostly reliable concerning the current state of affairs for the rules being advocated; any position errors are minor<br>- Information is provided to support most of the points of the discussions the delegate participates in<br>- Speaking is of sufficient depth; revelations exist from the insights discussed | - All information from speaking is somewhat reliable concerning the current state of affairs for the rules being advocated; more minor position errors are present<br>- Information is provided to support some of the points of the discussions the advocate participates in<br>- Speaking is of insufficient depth; nothing new revealed | - Most, if not all, of the information from speaking is questionable concerning the current state of affairs for the rules being advocated; significant position errors are present<br>- Little to no information is provided to support the points of the discussions the advocate participates in<br>- Speaking is of insufficient depth; nothing new revealed |
| Logic 12 pts 30% | - Topic interesting and of appropriate breadth for the length of presentation<br>- Support for thesis complex, complete, & in-depth<br>- Speaker is involved with the subject matter, not merely speaking<br>- Clear and appropriate speech organization, with effective transitions, introduction, and conclusion | - Topic somewhat broad or narrow for the length of presentation—Support for thesis sufficient, but lacking in depth or complexity<br>- Speaker is somewhat ivolved with the subject matter, not merely speaking<br>- Organization, transitions, introduction, and conclusion slightly lacking clarity and/or appropriateness | - Topic too broad or narrow for the length of presentation<br>- Support for thesis barely sufficient<br>- Organization, transitions, introduction, and conclusion lacking clarity and/or appropriateness | - Toppic too broad or narrow for the length of presentation<br>- Support for thesis insufficient<br>- Organization, transitions, introduction, and conclusion do not exist |

| | Excellent–8 points | Good–5-7 points | Fair–2-4 points | Poor–0-1 points |
|---|---|---|---|---|
| Pronunciation and Intonation 8pts 20% | - No run-on sentences OR sentence fragments<br>- No errors in subject/verb agreement, pronouns/antecedents, or tense<br>- Perfect use of register, timbre, prosody, pace, pitch, and volume in speaking | - 1-3 run-on sentences OR fragments<br>- 1-3 errors in agreement, pronouns/antecedents, or tense<br>- 1-3 errors in the use of register, timbre, prosody, pace, pitch, and volume in speaking | - 4-6 run-on sentences OR fragments<br>- 4-6 errors in agreement, pronouns/antecedents, or tense<br>- 4-6 errors in the use of register, timbre, prosody, pace, pitch, and volume in speaking | - 7 or more run-on sentences OR fragments<br>- 7 or more errors in agreement, pronouns, antecedents, or tense<br>- 7 or more errors in the use of register, timbre, prosody, pace, pitch, and volume in speaking |
| Public Manners 8pts 20% | - Answers all roll calls and responds to questions promptly<br>- Deals cordially with the Moderator and the other delegates at all times<br>- Properly represents the positions of the other delegates in discussing counter arguments | - Answers most roll calls and responds to most questions promptly<br>- Deals cordially with the Moderator and the other delegates in most instances<br>- Minor errors in representing the positions of the other delegates in discussing counter-arguments; correction desired but censure not warranted | - Answers some roll calls and responds to some questions promptly<br>- Deals cordially with the Moderator and the other delegates in some instances<br>- Major errors in representing the positions of the other delegates in discussing counter-arguments; correction sought but censure not yet warranted | - Lacks care in timely answering roll calls and questions<br>- Lacks cordial behavior with the Moderator and the other delegates<br>- Severe errors in representing the positions of the other delegates in discussing counter-arguments; negligent or intentional misrepresentation; censure required |

# 附录四　"学术英语读写"教学输入样本

## 1. Print Books vs. E-books: What's the Future of Reading?[1]

K. Korwitts

Ever since the E-book came along, reading on the go has gotten even easier. Whether you're a daily commuter or traveling the friendly skies, seeing people with an e-reader in their hands instead of a book or a newspaper is no longer an uncommon sight. It's not clear when exactly the first one was published however it is clear that e-books and e-readers have made their mark on the publishing world. But just how big of a mark?

That's what we at SurveyMonkey wanted to find out. We asked over 300 American readers to share their views on reading today and on what the future might hold. We've got the print book vs. its battery-operated opponent, the E-book. Who will come out victorious?

Not a huge surprise but it's interesting to see that preferring to go with a print book when reading is the overwhelming second choice with nearly 40% throwing in their votes for the paper-cloth treatment. For those folks, we wanted to find out why they like to stick to the traditional way of reading. Many people wrote in their comments and had clear reasons for avoiding the screen like, "*There's something about curling up with a good book in one's hands that can't be beat*" and "*I spend enough time on computers at work, need a break*" to "*I like the feel of the pages*".

Nostalgia, comfort and convenience seem to be the big reasons in favor for keeping the physical book alive. Since the majority of people like their stories in both formats however, we wanted to know for those who reported owning an E-book reader (58%)–What's your #1 reason?

---

1　改编自 https://www.surveymonkey.com/blog/2013/03/25/print-books-vs-e-books-whats-the-future-of-reading/。

## 2. Science Has Great News for People Who Read Actual Books[1]

### Rachel Grate

The debate between paper books and e-readers has been vicious since the first Kindle came out in 2007. Most arguments have been about the sentimental versus the practical, between people who prefer how paper pages feel in their hands and people who argue for the practicality of e-readers. But now science has weighed in, and the studies are on the side of paper books.

**Reading in print helps with comprehension.**

A 2014 study found that readers of a short mystery story on a Kindle were significantly worse at remembering the order of events than those who read the same story in paperback. Our brains were not designed for reading, but have adapted and created new circuits to understand letters and texts. The brain reads by constructing a mental representation of the text based on the placement of the page in the book and the word on the page.

**Reading long sentences without links is a skill you need—but can lose if you don't practice.**

Reading long, literary sentences sans links and distractions is a serious skill that you lose if you don't use it. Before the Internet, the brain read in a linear fashion, taking advantage of sensory details to remember where key information was in the book by layout. As we increasingly read on screens, our reading habits have adapted to skim text rather than really absorb the meaning. A 2006 study found that people read on screens in an "F" pattern, reading the entire top line but then only scanning through the text along the left side of the page. This sort of nonlinear reading reduces comprehension and makes it more difficult to focus the next time you sit down with a longer piece of text.

**Reading in a slow, focused, undistracted way is good for your brain.**

Slow-reading advocates recommend at least 30 to 45 minutes of daily reading away from the distractions of modern technology. By doing so, the

---

1 改编自 https://mic.com/articles/99408/science-has-great-news-for-people-who-read-actual-books。

brain can reengage with linear reading. The benefits of making slow reading a regular habit are numerous, reducing stress and improving your ability to concentrate. Reading an old-fashioned novel is also linked to improving sleep. When many of us spend our days in front of screens, it can be hard to signal to our body that it's time to sleep. By reading a paper book about an hour before bed, your brain enters a new zone, distinct from that enacted by reading on an e-reader.

## 3. Sorry, eBooks. These 9 Studies Show Why Print Is Better[1]

Don't lament the lost days of cutting your fingers on pristine new novels or catching a whiff of that magical, transportive old book smell just yet! A slew of recent studies shows that print books are still popular, even among millennials. What's more: further research suggests that this trend may save demonstrably successful learning habits from certain death. Take comfort in these 9 studies that show that print books have a promising future:

**Younger people are more likely to believe that there's useful information that's only available offline.**

While 62% of citizens under 30 subscribe to this belief, only 53% of those 30 and older agree. These findings are from a promising study released last year by Pew Research, which also found that millennials are more likely to visit their local library.

**Students are more likely to buy physical textbooks.**

A study conducted by Student Monitor and featured in The Washington Post shows that 87% of textbook spending for the fall 2014 semester was on print books. Of course, this could be due to professors assigning less eBooks. Which is why it's fascinating that...

---

1 改编自 http://www.huffingtonpost.com/2015/02/27/print-ebooks-studies_n_6762674.html。

**Students opt for physical copies of humanities books, even when digital versions are available for free.**

While students prefer reading digital texts for science and math classes, they like to study the humanities in print. A study conducted by the University of Washington in 2016, and quoted in The Washington Post, shows that 25% of humanities students bought physical versions of free eBooks.

This isn't just true of textbooks. Teens prefer print books for personal use, too.

Nielson BookScan numbers from 2014 revealed the main reasons why teens buy books: "I've enjoyed author's previous books" ranked No. 1, followed by "browsing in libraries" and "browsing in bookstores," which both ranked above "online bookseller websites." "In-store displays" also ranked above hearing about a book through a social network.

**Students don't connect emotionally with on-screen texts.**

A 2018 study featured in the Guardian gave half its participants a story on paper, and the other half the same story on screen. The result? iPad readers didn't feel that the story was as immersive, and therefore weren't able to connect with it on an emotional level. Further, those who read on paper were much more capable of placing the story's events in chronological order.

**Students comprehend less of the information presented in digital books.**

*USA Today* shared a 2018 study showing that students retain less when reading on a screen. The study's creator blamed this on the "flash gimmicks" embedded in many eBooks. She also suspects being able to collectively turn to the same page enhances group discussion.

**It's not just students opting for print. Parents and kids prefer to read physical books together, too.**

According to Digital Book World and literacy nonprofit Sesame Workshop, less than 10% of kids and parents alike choose eBooks over print books. Parents say fancy features such as videos and interactive games are more of a distraction than a valued tool.

**Which makes sense, because eBooks can negatively impact your sleep.**

A few months ago, the Guardian reported on a Harvard study linking e-reading and sleep deprivation. If the eBook was "light emitting" it took participants an average of ten minutes longer to fall asleep than those who read physical books instead.

**It's hard to avoid multitasking while reading digital books.**

In a blog for *The Huffington Post*, Naomi S. Baron wrote about the findings published in her new book, *Words Onscreen: The Fate of Reading in a Digital World*. "Studies I have done with university students in several countries confirm what I bet you'll find yourself observing," she writes. "When reading either for (school) work or pleasure, the preponderance of students found it easiest to concentrate when reading in print. They also reported multitasking almost three times as much when reading onscreen as when reading in hard copy."

## 4. iPads and Kindles Are Better for the Environment Than Books[1]

### Brian Palmer

With apples and Amazon's touting their e-readers like iPad and Kindle, some bookworms are bound to wonder if tomes-on-paper will one day become quaint relics. But the question also arises, which is more environmentally friendly: an e-reader or an old-fashioned book?

Environmental analysis can be an endless balancing of this vs. that. Do you care more about conserving water or avoiding toxic chemical usage? Minimizing carbon dioxide emissions or radioactive nuclear waste? But today the Lantern has good news: There will be no Sophie's Choice[2] when

---

1 改编自 Selected from Reading and Writing for Argumentative Essays (Liu, 2013)。
2 Sophie's Choice: 两难的选择，或没有选择。Sophie's Choice 是作家 William Styron 于 1979 年出版的小说。

it comes to e-books. As long as you consume a healthy number of titles, you read at a normal pace and you don't trade in your gadget every year, perusing electronically will lighten your environmental impact.

According to the environmental consulting firm Cleantech, which aggregated a series of studies, a single book generates about 7.5 kilograms of carbon dioxide equivalents (that's the value all its greenhouse gas emissions expressed in terms of the impact of carbon dioxide.) This figure includes production, transport and either recycling or disposal.

Apple's iPad generates 130 kilograms of carbon dioxide equivalents during its lifetime, according to company estimates. Amazon has not released numbers for the Kindle, but Cleantech and other analysts put it at 168 kilograms. Those analyses do not indicate how much additional carbon is generated per book read (as a result of the energy required to host the e-bookstore's servers and power the screen while you read), but they do include the full cost of manufacture, which likely accounts for the lion's share of emissions (The iPad uses 3 watts of electricity while you're reading, far less than most light bulbs). If we can trust those numbers, then, the iPad pays for its $CO_2$ emissions about one-third of the way through your 18th book. You'd need to get halfway into your 23$^{rd}$ book on Kindle to get out of the environmental red.

Water is also a major consideration. The U.S. newspaper and book publishing industries together consume 153 billion gallons of water annually, according to figures by the nonprofit group Green Press Initiative included in the Cleantech analysis. It takes about seven gallons to produce the average printed book, while e-publishing companies can create a digital book with less than two cups of water. (eBook publishes consume water through the paper they use and other office activities.) Researchers estimate that 79 gallons of water are needed to make an e-reader. So you come out on top, water-wise, after reading about a dozen books.

An even better option is to walk to your local library, which spread the environmental impact of a single book over an entire community. Unfortunately, libraries are underutilized. Studies suggest that fewer than a third of Americans visit their local library at least once a month, and fewer than half went in the last year. Libraries report that the average community member checks out 7.4 books per year—far less than the three per month consumed on e-readers—and more than a third of those items were children's books.

As such, iPads and Kindles are better for the environment than books. Of course, you could also stop reading altogether. But then how would you know how much carbon you saved.

## 5. 视频输入材料

# 附录五 "学术英语读写"和"学术英语听说"课程评教结果样本

**课程名称**：学术英语读写 AI

**课程类别**：通识教育课程类/国际视野与文明对话模块

**上课班级**：0410141391-01

**学生专业**：经济学（励耘项目）/历史学（强基计划）/基础学科拔尖学生培养计划人文学科学实验班/化学（强基计划）/生物科学（励耘项目）/生物科学(强基计划)/数学与应用数学（励耘项目）/...

**学生年级**：2022

**教师姓名**：王筱晶

**教师单位**：外国语言文学学院

**教师职称**：副教授

**上课人数**：25

**参评人数**：15

**教师总评得分**：5.00

**全校平均总评得分**：4.85

| 评价项目 | 各项评估结果所占比例 (%) | | | | | 评价得分 | 全校*平均分 |
|---|---|---|---|---|---|---|---|
| | 好 | 较好 | 一般 | 较差 | 差 | | |
| 教师敬业爱生，为人师表 | 100.0 | 0.0 | 0.0 | 0.0 | 0.0 | 5.00 | 4.92 |
| 教学内容更新及时、难易适中 | 100.0 | 0.0 | 0.0 | 0.0 | 0.0 | 5.00 | 4.84 |
| 教师根据教学内容采取适当教学方法 | 100.0 | 0.0 | 0.0 | 0.0 | 0.0 | 5.00 | 4.85 |
| 教师授课进度适中，信息量适当 | 100.0 | 0.0 | 0.0 | 0.0 | 0.0 | 5.00 | 4.82 |

| 承担单位：外国语言文学学院 | 课程名称：学术英语读写 AI | 上课班级：0410141391-02 |
|---|---|---|
| 院（系）/部：外国语言文学学院 | 教师名称：王筱晶 | 职称：副教授 |

| 问题 | 意见和建议 | 评估日期 |
|---|---|---|
| 你认为教师教学的主要优点是什么？ | 教学水平高，亲切。 | 2022-12-02 |
| 你认为教师教学的主要优点是什么？ | 逻辑清晰，认真负责 | 2022-12-07 |
| 你认为教师教学的主要优点是什么？ | 严谨认真 | |
| 你认为教师教学的主要优点是什么？ | 课堂氛围轻松，在相互轻松交流的过程中，能够对写作方法与技巧有更加深刻的印象。 | |
| 你认为教师教学的主要优点是什么？ | 互动多，教的东西特别实用，对思维方式的培养特别好 | |
| 你认为教师教学的主要优点是什么？ | 王老师上课幽默风趣有条理，课堂氛围很活跃 | 2022-12-08 |
| 你认为教师教学的主要优点是什么？ | 有趣，轻松 | |
| 你认为教师教学的主要优点是什么？ | 思维严密，促使学生改正平常随便的写作思维。 | |
| 你认为教师教学的主要优点是什么？ | 教学内容有一些深奥的妙用…… | |
| 你认为教师教学的主要优点是什么？ | 布置作业的方式不错 | 2022-12-09 |
| 你认为教师教学的主要优点是什么？ | 讲的很细，作文也让我们一遍遍改了，学到很多写作的要领，有很大收获 | 2022-12-14 |
| 你认为教师教学的主要优点是什么？ | 讲课内容很丰富，点评到位，会给大家实例来提升写作水平，点评大家的作文也很认真，课堂互动很多会及时关注到大家的问题，非常耐心~ | |

（待续）

（续表）

| 问题 | 意见和建议 | 评估日期 |
|---|---|---|
| 你认为教师教学的主要优点是什么？ | 性格直爽，不矫揉造作。一语点破，避免学生重蹈覆辙。学识渊博，课堂生动有趣 | |
| 你认为教师教学的主要优点是什么？ | 逻辑清晰，严格要求，对于学生的不当之处直接指出，但又在教学中不乏关爱，平易近人。 | 2022-12-15 |

注：本评价采用的是 5 分制

**课程名称：学术英语读写 AI**

课程类别：通识教育课程类 / 国际视野与文明对话模块　　教师总评得分：4.98

学生专业：经济学 ( 励耘项目 )/ 历史学 ( 强基计划 )/ 基础学科拔尖学生培养计 划人文学科学实验班 / 化学 ( 强基计划 )/ 生物科学 ( 强基计划 )/ 数学与应用数学 ( 励耘项目 )/…

学生年级：2022
教师单位：外国语言文学学院
教师职称：副教授
参评人数：20

| 评价项目 | 各项评估结果所占比例（%） | | | | | 评价得分 | 全校*平均分 |
|---|---|---|---|---|---|---|---|
| | 好 | 较好 | 一般 | 较差 | 差 | | |
| 教师敬业爱生，为人师表 | 100.0 | 00 | 0.0 | 00 | 00 | 5.00 | 492 |
| 教学内容更新及时、难易适中 | 95.0 | 5.0 | 0.0 | 0.0 | 0.0 | 4.95 | 484 |
| 教师根据教学内容采取适当教学方法 | 95.0 | 5.0 | 0.0 | 00 | 00 | 4.95 | 4.85 |
| 教师授课进度适中，信息量适当 | 100.0 | 0.0 | 00 | 0.0 | 0.0 | 5.00 | 4.82 |
| 教师授课逻辑清晰、重点突出 | 95.0 | 5.0 | 0.0 | 0.0 | 00 | 4.95 | 4.84 |
| 教师采取多种考核方式，加强平时考核 | 100.0 | 0.0 | 0.0 | 0.0 | 0.0 | 5.00 | 482 |

（待续）

（续表）

| 评价项目 | 各项评估结果所占比例（%） | | | | | 评价得分 | 全校*平均分 |
|---|---|---|---|---|---|---|---|
| | 好 | 较好 | 一般 | 较差 | 差 | | |
| 教师提供充足的纸质或数字化学习资源 | 100.0 | 0.0 | 0.0 | 0.0 | 00 | 5.00 | 483 |
| 教师注重思维方式与思维能力的培养 | 100.0 | 00 | 00 | 00 | 00 | 5.00 | 486 |
| 教师注重学生创新意识与创新能力的培养 | 95.0 | 5.0 | 00 | 00 | 00 | 4.95 | 484 |
| 教师对学生课程学习中遇到的问题能及时做出回应 | 100.0 | 0.0 | 00 | 00 | 00 | 5.00 | 487 |

注：本评价采用的是 5 分制

## 北京师范大学学生意见和建议

承担单位：外国语言文学学院　　课程名称：学术英语听说 A1　　上课班级：0410141411-01

院（系）/部：外国语言文学学院　　教师名称：夏晓燕　　职称：副教授

| 评估日期 | 问题 | 意见和建议 |
|---|---|---|
| 2022-09-27 | 你认为教师教学的主要优点是什么？ | 口语好 |
| | 你认为教师教学需要改进提高的是什么？ | 无 |
| 2022-10-05 | 你认为教师教学的主要优点是什么？ | 课程结构清晰，作业设置合理有效 |
| | 你认为教师教学需要改进提高的是什么？ | 无 |
| 2022-11-15 | 你认为教师教学的主要优点是什么？ | 夏老师温柔亲人，对待同学们原则性和灵活性兼备，是同学们的好老师。上课语速适中，对同学们的反馈能给予很及时地调整。 |
| | 你认为教师教学需要改进提高的是什么？ | 夏老师是良师益友。谢谢夏老师对学生的关怀。 |

## 附录六　听力文本1：Social Media: A Blessing or a Curse?

It's crystal clear that everything that exists on earth has reason(s) for its existence. This is the reason behind our being here. The era when different facilities that made life easy, like the use of donkey by our forefathers, had gone. We are now in the age where everything is computerized.

Without social media, people would have to continue to live like in the Stone Age without any knowledge on how the world rolls and how things change interchangeably.

In my opinion, social media has both the positive and negative impacts. Although, it depends on how one holds and utilizes it, the choice solely depends on the person using the social media. Many people have recorded successes and achieved their dreams via social media, while others have their dreams unfulfilled and stagnant. Social media affects and changes minds of people of bad behaviors or otherwise. It sends countless lives to their graves unprepared; people who were alive before they breathed their last.

Congratulations to those folks for whom social media becomes the reason for their smiles and achievements. May they continue to benefit from the dividends of social media. Best wishes in advance to the future ones who may steer social media with goodness. May they, too, achieve more than what today's beneficiaries achieved, amin. Hard luck to those for whom the reverse is the case. You are not too late to change the dice rolling with strong hope and unflinching determinations.

Many people believe in social media and take it as a means of chatting only with family and friends (FAF) as well as a means of becoming nuisance to other people. It is fascinating that whichever group one chooses to belong to, he/she will definitely meet people of his ilk or even those who are better than him or her or in that regard. It consists and explores everything depending on which one decides to choose.

I advise you not to be among those who take social media for granted. Learn, relearn from those great minds, share the knowledge, experience and skills you have with your friends. I call your attention not to share fake news on social platforms. You need to share only that which is genuine and beneficial to your friends, as fake news spreads faster than the dreaded virus. Use your tongue with care; it has a strong venom far more than that of a snake. Mind yourself on what you write, share, like, react and comment. Steer clear of unnecessary argument. Above all, never be addicted to social media impulsively. Manage your time judiciously.

Social media plays a significant role in sharing the development and advancement of today's generation. Through it, many people make investments and become business tycoon and academic experts particularly those who are smartly witty. It helps many to connect with their customers and clients from far and distant environment. Without social media, many amongst our business tycoons would not have become what they are today, let alone to be known around the world.

Examples of these are Bill Gate, Femi Otedola, Warren Buffet, Aliko Dangote, among others. All these great minds in business circle were known by all and sundry through cyberspace, and the products they produce exclusively. In this regard, we can unanimously say that social media plays a vital role in the world of marketing and economic buoyancy for many of our successful business moguls.

Social media eases and simplifies most things that seem complex. Many people from distant places have become as familiar and intimate as those they have blood consanguinities with. We the generation of social media users need to use it wisely to avoid hatching bad eggs among the future generation. We need guidance and parameters to set our activities straight by our great minds who scaled through in life.

Their manners need to be replicated by us for better growth and attainment of better opportunities in this 21$^{st}$ Century, a digital century that is loaded with brouhaha and challenges. Had the social media been fully sanitized and sensitized, I am sure the future would have been a productive one. Alas! All around us, one can see how the havoc.

To say a naked and plain truth, children who are yet to reach puberty should be banned from using social media, as it is usually the causative factor of their rudeness and moral decadence. It is better not to have a child at all than to give a society a notorious child that could be a threat to people. Many under-aged children learn to watch pornographic pictures and videos via these platforms. Fornication, homosexuality and lesbianism can only be eradicated or diminished among our youths by enforcing laws and orders on how social media shall be used. Most parents are lackadaisical in monitoring their children on social media; some are only good in giving birth but very poor in giving moral standards to their children. Children's phones need to be checked frequently and unceremoniously. Parents should check to know the friends their children mingle with, because bad companies produce bad products. Friends are the central processors in changing the behaviours of today's generation, particularly females whose lives are at a zenith than that of males. By so doing, most social vices would be curbed or eradicated.

May social media never be a curse and threat to our lives.

# 附录七　听力文本2: Is Social Media Hurting Your Mental Health?

I'm fat. Wow, I'm fat. She's only nineteen years old, what am I doing with my life? Hey! Two likes! Nice. Do I like this photo? Does she really need more likes? I hope I'm going to be invited to the wedding. One more like, nice! Welcome to the internal monologue of a typical social media scroll. A monologue that so many of us have every day, but we don't think about it, we don't talk about it. In fact, many of us can't even recognize it happening.

I'm Bailey Parnell, and I will discuss the unintended consequences social media is having on your mental health. I will show you what's stressing you out every day, what it's doing to you, and how you can craft a better experience for yourself online. Just over a year ago, my sister and I took a four-day vacation to Jasper, Alberta. This was the first no-work vacation. I had taken in four years. On this vacation, I was going dark.

I was turning on airplane mode, no email and no social media. The first day there, I was still experiencing phantom vibration syndrome. That's where you think your phone went off, and you check and it didn't. I was checking incessantly. I was distracted in conversation. I was seeing these gorgeous sights Jasper had to offer, and my first reaction was to take out my phone and post it on social. But of course it wasn't there. The second day was a little bit easier. You might be thinking I'm ridiculous, but I hadn't been completely disconnected in over four years. This was practically a new experience again.

It wasn't until the fourth day I was there that I was finally comfortable without my phone. I was sitting with my sister, literally on the side of this mountain, when I started thinking to myself: "What is social media doing to me? What is it doing to my peers?" That was only four days, and it was anxiety-inducing, it was stressful and it resulted in withdrawals. That's when I started to ask questions and have since started my master's research into this subject.

I've worked in social marketing primarily in higher education for most of my career. That means I work with a lot of 18- to 24-year-olds, which also happens to be the most active demographic on social media.

The other thing you need to know about me is that I'm young enough to have grown up with social media, but just old enough to be able to critically engage with it in a way that twelve-year-old me probably couldn't. My life is social media: personally, professionally and academically. If it was doing this to me, what was it doing to everyone else? I immediately found out I wasn't alone. The Center for Collegiate Mental Health found that the top three diagnoses on university campuses are anxiety, depression, and stress. Numerous studies from the US, Canada, the UK, you name it, have linked this high social media use with these high levels of anxiety and depression.

But the scary thing is that high social media use is almost everyone I know: my friends, my family, my colleagues; 90% of 18- to 29-year-olds are on social media. We spend on average two hours a day there. We don't even eat for two hours a day. 70% of the Canadian population is on social media. Our voter turnout isn't even 70%. Anything we do this often is worthy of critical observation. Anything we spend this much time doing has lasting effects on us.

So let me introduce you to four of the most common stressors on social media, that if go unchecked have potential to become full-blown mental health issues, and this is by no means an exhaustive list.

Number one: the Highlight Reel. Just like in sports, the highlight reel is a collection of the best and brightest moments. Social media is our personal highlight reel. It's where we put up our wins, or when we look great, or when we are out with friends and family. But we struggle with insecurity because we compare our behind-the-scenes with everyone else's highlight reels. We are constantly comparing ourselves to others. Yes, this was happening before social media, with TV and celebrity, but now it's happening all the time, and it's directly linked to you. A perfect example I came across in preparation for this talk is my friend on vacation: "brb, nap". "Wait, why can't I afford a vacation? Why am I just sitting here in my PJ's watching Netflix? I want to be on a beach." Here's the thing, I know her very well. I knew this was out of the ordinary for her. I knew she was typically drowning in schoolwork. But we think, "Who wants to see that?" The highlights are what people want to see. In fact, when your highlights do well, you encounter the second stressor on social media.

Which is number two: Social Currency. Just like the dollar, a currency is literally something we use to attribute value to a good or service. In social media, these likes, the comments, the shares have become this form of social currency by which we attribute value to something. In marketing, we call it the "Economy of Attention". Everything is competing for your attention, and when you give something a like or a piece of that finite attention, it becomes a recorded transaction attributing value. Which is great if you are selling albums or clothing. The problem is that in our social media, [WE are the product] We are letting others attribute value to us. You know someone or are someone that has taken down a photo because it didn't take as many likes as you thought it would. I'll admit, I've been right there with you. We took our product off the shelf because it wasn't selling fast enough. This is changing our sense of identity. We are tying up our self-worth of what others think about us and then we are quantifying it for everyone to see. And we are obsessed. We have to get that selfie just right, and we will take 300 photos to make sure. Then we will wait for the perfect time to post. We are so obsessed we have biological responses when we can't participate.

Which leads me to the third stressor on social media. Number three: FOMO. It's a light phrase we've all thrown around FOMO, or the "fear of missing out", is an actual social anxiety from the fear that you are missing a potential connection, event, or opportunity. A collection of Canadian Universities found that 7/10 students said they would get rid of their social networking accounts if it were not for fear of being left 'out of the loop". Out of curiosity, how many people here have, or have considered deactivating your social. That's almost everyone. That FOMO you feel, the highlight reels, the social currency, those are all results of a relatively 'normal' social media experience. But what if going on social every day was a terrifying experience? Where you not just question your self-worth but you question your safety?

Perhaps the worst stressor on social media is number four: Online Harassment. 40% of online adults have experienced online harassment. 73% have witnessed it. ... I think you get the point. The problem is that in the news we are seeing these big stories: The 18-year-old Tyler Clementi, who took his life after his roommate secretly filmed him kissing another guy and outed him on social media. We see women like Anita being close to shamed of the internet and sent death and rape threats for sharing their feminism.

We see these stories once it is too late. What about the everyday online harassment? What about that ugly snapchat you sent your friend with the intention of it being private, and now it is up on social media? "And so? It's just one photo, it's funny" "Just one mean comment, not a big deal."

But when these micro moments happen over and over again, over time, that's when we have a macro problem. We have to recognize these everyday instances as well. Because if they go unchecked and the effects unnoticed, we are going to have many more Tyler Clementis. The effects are not always easy to recognize.

How many of you have noticed the notifications at the top of my screen? How many of you, like me, are bothered that they're not checked? OK, let me check them for you. Okay! Just one small example of what this can do to you. Maybe you simply cannot focus because your notifications are going off the handle, and you need to check. That need, eventually becomes addiction. Regarding social media, we are already experiencing impairment similar to substance dependencies. With every like, you get a shot of that feel-good chemical, dopamine.

You gain more of that social currency. So what do we do to feel good? We check likes – just one more time. We post – just one more time. We are anxious if we do not have access. Doesn't that sound like every drug you have ever heard of?

Yeah! So when that grows, when your social media use goes unconfronted over time, that's when we see the rising levels of anxiety and depression: the FOMO, the distractions, the highlight reels, the comparisons. It's a lot, and it's all the time! The Canadian Association of Mental Health found that grades 7-12 students who spent two hours a day on social media reported higher levels of anxiety, depression and suicidal thoughts. For those of you doing the math, that's as young as twelve years old. Here is the thing, I like social media. I do, I love it. Hearing what I've said today might make you think I want you to get off of it. But I don't. I don't think it's going anywhere, so I'm not going to waste my time telling you to spend less time on social media.

Frankly, I don't think absence is an option anymore. But that does not mean you can't practice "safe social". Everything I have talked about today has nothing and everything to do with social media. I mean, social media is neither good nor bad. It's just the most recent tool we use to do what we have always done: tell stories and communicate with each other. You wouldn't blame Samsung Television for a bad TV show. Social media doesn't make people write hateful posts. When we talk about this dark side of social media, what we really talk about is the dark side of people.

That dark side that makes harassers harass; that insecurity that makes you take down a photo you were excited to share. That dark side that looks at a picture of a happy family and wonders why yours does not look like that.

So as parents, as educators, as friends, as bosses this dark side is what we need to focus on. We need preventative strategies and coping strategies so that when you have your low days – because you will – when you're questioning your self-worth, you never get as low as Tyler Clementi – and the many others like him. "OK, Bailey, how do you find social media wellness?" Here's the good news: Recognizing a problem is the first step to fixing it. So hearing this talk is just that, step one: recognize the problem. You know the power of suggestion, when someone tells you about something and you start seeing it everywhere. That's why awareness is critical. Because now you will at least be better able to recognize these effects if and when they happen to you.

The second thing you are going to do is audit your social media diet. The same way we monitor what goes into our mouth, monitor whatever goes into your head and heart. Ask yourself: "Did that social media scroll make me feel better or worse off?" "How many times do I actually check likes?" "Why am I responding this way to that photo?" Then ask yourself if you are happy with the results. You might be and that's OK! But if you're not, move on to step three. Create a better online experience. After my partner did his audit, he realized his self-worth was too tied up in social media, but particularly celebrities reminding him of the things he didn't have. So he unfollowed all brands and all celebrities. That worked for him.

But it might not be celebrities for you. For me, I had to purge other people off my timeline. Let me tell you a secret. You do not have to follow your "friends". The truth is that sometimes our friends, or the people we have on social media as a courtesy, they just suck online! You find yourself in this passive-aggressive status war you didn't even know was happening. Or you are looking at 50 photos of the same concert from the same angle. If you want to follow artists, or comedians, or cats, you can do that.

The last thing you will do is model good behavior. Offline we are taught not to bully other kids in the playground. We are taught to respect others and treat them how they deserve. We are taught not to kick others when they are down, or take pleasure in their downfalls. Social media is a tool. A tool that can be used for good, for more positive groups, for revolutions, for putting grumpy cat in Disney movies. Internet is a weird place.

Is social media hurting your mental health? The answer is: it doesn't have to. Social can tear you down, yes, or it can lift you up, where you leave feeling better off, or have an actual laugh-out-loud.

Finally, I have 24 hours in a day, if I spend two of those hours on social media, then I want my experiences to be full of inspiration, laughs, motivation, and a whole lot of grumpy cat in Disney movies.

## 附录八　*Alice's Adventures in Wonderland* and Lewis Carroll: Originals and Versions

**Extract 1, from Chapter 4:** Alice, a young English girl, has followed a talking white rabbit down a rabbit hole and into Wonderland. First, she finds a cake marked EAT ME, which she eats and grows very tall, before shrinking again. Now she has found the rabbit's house, in which is a bottle with a label that says "DRINK ME" attached to it.

1　　[…] before she had drunk half the bottle, she found her head pressing
2　against the ceiling, and had to stoop to save her neck from being broken. She
3　hastily put down the bottle, saying to herself "That's quite enough—I hope I
4　shan't grow any more—As it is, I can't get out at the door—I do wish I hadn't
5　drunk quite so much!"
6　　Alas! it was too late to wish that! She went on growing, and growing, and
7　very soon had to kneel down on the floor: in another minute there was not even
8　room for this, and she tried the effect of lying down with one elbow against
9　the door, and the other arm curled round her head. Still, she went on growing,
10　and, as a last resort, she put one arm out of the window, and one foot up the
11　chimney, and said to herself "Now I can do no more, whatever happens. What
12　will become of me?"
13　　Luckily for Alice, the little magic bottle had now had its full effect, and
14　she grew no larger: still it was very uncomfortable, and, as there seemed to be
15　no sort of chance of her ever getting out of the room again, no wonder she felt
16　unhappy.
17　　"It was much pleasanter at home," thought poor Alice, "when one wasn't
18　always growing larger and smaller, and being ordered about by mice and
19　rabbits. I almost wish I hadn't gone down that rabbit-hole—and yet—and
20　yet—it's rather curious, you know, this sort of life! I do wonder what can have
21　happened to me! When I used to read fairy-tales, I fancied that kind of thing

22  never happened, and now here I am in the middle of one! There ought to be a
23  book written about me, that there ought! And when I grow up, I'll write one—
24  but I'm grown up now," she added in a sorrowful tone; "at least there's no room
25  to grow up any more here."
26      "But then," thought Alice, "shall I never get any older than I am now?
27  That'll be a comfort, one way—never to be an old woman—but then—always to
28  have lessons to learn! Oh, I shouldn't like that!"

**Extract 2, from Chapter 4:** After eating some more cake, Alice shrinks again, this time so she can get through the rabbit's small front door, and runs away, hoping to find help to grow back to her normal size.

1      There was a large mushroom growing near her, about the same height as
2  herself; and, when she had looked under it, and on both sides of it, and behind it,
3  it occurred to her that she might as well look and see what was on the top of it.
4      She stretched herself up on tiptoe, and peeped over the edge of the
5  mushroom, and her eyes immediately met those of a large blue caterpillar, that
6  was sitting on the top with its arms folded, quietly smoking a long hookah, and
7  taking not the smallest notice of her or of anything else.

  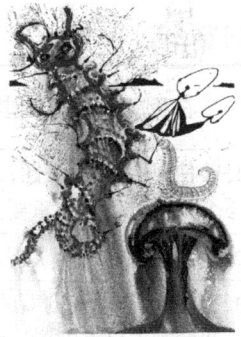

Lewis Carroll, 1862-1864    John Tenniel, 1865    Salvador Dali, 1969

# 附录九 "学术英语读写"课程调查问卷

## 问卷 1

| | 非常同意（5） | 同意 | 不确定 | 不同意 | 非常不同意（1） |
|---|---|---|---|---|---|
| 1. 本课程从语言基础知识和技能入手，循序渐进，非常有效。 | | | | | |
| 2. 本课程设置难度适中。 | | | | | |
| 3. 课外活动是本课程的亮点。 | | | | | |
| 4. 本课程采用的阶梯式教学设计十分有效。 | | | | | |
| 5. 本课程的整体设置非常恰当。 | | | | | |
| 6. 本课程教学目标（学术论文写作）明确、恰当。 | | | | | |
| 7. 我在课上学到的东西非常实用。 | | | | | |
| 8. 本课程以写促读，效果良好。 | | | | | |
| 9. 课上学到的知识技能有助于我产出高水平的专业论文。 | | | | | |

## 问卷 2

| 在我撰写议论文过程中， | 非常不同意（5） | 不同意 | 不确定 | 同意 | 非常同意（1） |
|---|---|---|---|---|---|
| 1. 即使题目有争议性，清晰表达个人观点仍然很重要。 | | | | | |
| 2. 同意他人（老师）观点很重要。 | | | | | |
| 3. 用理由支持我的观点不重要；我的观点已经非常明确。 | | | | | |
| 4. 只要我把个人观点表述清楚，不需要在意反方意见。 | | | | | |

（待续）

(续表)

| 在我撰写议论文过程中， | 非常不同意（5） | 不同意 | 不确定 | 同意 | 非常同意（1） |
|---|---|---|---|---|---|
| 5. 不应该投入过多个人情感。 | | | | | |
| 6. 如果问题有争议，表达观点时最好模糊处理。 | | | | | |
| 7. 客观比主观更重要。 | | | | | |
| 8. 个人经历和学术研究数据是同样有效的论据。 | | | | | |
| 9. 个人观点可以与他人（老师）观点相悖。 | | | | | |

(续表)

| 在社会活动(A)方面其中： | 非常不同意 (5) | 有些不同意 | 本想说不出 | 同意 | 非常同意 (1) |
|---|---|---|---|---|---|
| 5. 我喜欢与人交谈中人相处 | | | | | |
| 6. 我倾向于安静、在与人相处时保持沉默 | | | | | |
| 7. 我觉得自己是外向的 | | | | | |
| 8. 与人交往或在众人面前讲话时我觉得自己比较腼腆 | | | | | |
| 9. 一个人独自时比与人在一起感到舒服 | | | | | |